弁護士が解説！

いじめ「学校調査」ガイドブック

國本大貴 著

学事出版

はじめに

　いじめ防止対策推進法が施行されて10年以上が経過し、法律上の「いじめ」の定義も浸透しつつある近年では、いじめを行った子どもよりも、いじめ調査を行う学校関係者に非難が向く傾向があります。確かに、明らかに学校の対応に問題があるケースはあります。しかし、数多のいじめ事案に関与した経験上、いまやいじめを隠そうとする教員は、そこまで多くありません。むしろ、決していじめを許してはならないという意識のもと、子どものことを第一に考えて調査したにもかかわらず、保護者からの信頼を得られず、しかもいじめ被害も解決しないというケースが、いじめ調査のかなりの割合を占めているように思います。

　いじめ調査には、実際に対応することで初めてわかる困難さがあります。いじめや重大事態の定義と学校現場の感覚とのギャップ、必ずしも被害者と加害者の二項対立ではない関係性の複雑さ、保護者からの要求、等々。特に、重大事態については、ガイドラインがあるにもかかわらず、困難だらけです。しかし、このような現実にある困難な問題に関しては、ほとんど解説がありません。ゆえに、いじめ調査は、いまだに手探り状態です。

　本書は、このような問題意識を背景に、学校主体のいじめ調査をどう進めたらよいのか、ということを整理するために執筆したものです。学校主体の調査に対応する教職員、教育委員会、その他学校関係者、そして第三者として調査に携わる専門家（もちろん弁護士に限りません。）を主な読者として想定していますが、設置者主体の調査や第三者委員会の調査であっても、参考になる部分はあるかと思います。

　本書は全8章からなっています。第1章では、いじめという現象に対する法的な見方を整理しています。第2章では、重大事態に至る以前の初期対応について説明しています。第3章から第8章で、重大事態への対応を

解説しています。具体的には、調査実施までの対応（第3章）、調査方法（第4章、第5章）、調査報告書の作成（第6章）、調査結果の説明（第7章）及び説明後の留意点等（第8章）を詳解しています。第1章から順に読む想定で設計していますが、もちろん、気になるところだけ読んでも構いません。ただし、第1章は、本書の基礎であり、全ての前提ですので、最初に読むことをおすすめします。

なお、本書は「ガイドブック」とタイトルを付けていますが、本書が絶対的な正解であることを、決して意味しません。むしろ、批判を歓迎します。ただし、問題提起にはかなり気を配りました。ぜひ、本書を足掛かりに、様々な議論をしてください。学校現場におけるいじめ対応の研鑽に、少しでも助力できれば、望外の喜びです。

また、いじめをとりまく法的な領域は、必ずしも議論の蓄積が厚いとは言えず、しかも多種多様な利害が渦巻いているため、純粋な議論が交わされていない部分もあります。そのような中で、学校法務研究会の弁護士の先生方には、日頃より理論的かつ実務的な観点で多くのことをご教示いただきました。この場を借りて、皆様に心から感謝の意を表します。また、本書の編集を担当してくださった学事出版の星裕人さんには、企画、校正、デザインまで、大変なご尽力を賜りました。厚く御礼申し上げます。もちろん、残る間違いは、全て著者の責任です。

2025年2月

國本 大貴

目次

はじめに　002

第1章　いじめと学校の責任・義務

1　いじめに関する学校の民事上の責任　010
(1)　法的に見るいじめ問題　010
(2)　「安全配慮義務」　012

コラム「学校」の法的責任？　015

2　いじめ防止対策推進法上の学校の義務　016
(1)　「いじめ」の定義　016
(2)　「いじめ」に対する学校の措置　020
(3)　「重大事態」への対応　025
(4)　「いじめ」の定義が広いことについて　031

第2章　いじめに初期対応する

1　いじめ把握の端緒　034
(1)　「いじめ」発見のルート　035
(2)　把握のために必要な学校のシステム　036

2　校内における共有、事実関係の確認　040
(1)　校内での共有　040
(2)　校内共有の方法　044
(3)　校内共有の内容　044
(4)　事実関係の確認　045
(5)　二次被害への対策　050
(6)　調査結果の報告　051

3　支援、指導、助言　052
(1)　「いじめ」の「解消」？　052
(2)　ケース会議（専門家含む）によるアセスメント等　054
(3)　いじめを行った子ども等に対する指導　054
(4)　謝罪の場を設けることについて　056
(5)　別室指導その他の必要な措置　057
(6)　いじめの事案に係る情報の共有等　059

4　関係機関との連携　060
(1)　警察署　060
(2)　児童相談所・こども家庭センター　061
(3)　医療機関　062
(4)　いじめ問題対策連絡協議会（公立学校）　062

コラム　いじめに関する保護者対応　063

4

第 **3** 章　重大事態調査を開始する

1 重大事態の調査の開始　068

2 重大事態発生後の初動　072
- (1) 発生報告　072
- (2) 重大事態を把握した後の対応　073
- (3) 対象児童生徒・保護者が調査を望んでいない場合の対応　073
- (4) 対象児童生徒・保護者に「寄り添う」？　074

3 重大事態の調査主体・調査組織　076
- (1) 調査組織の種類　076
- (2) 専門家（第三者）を入れるべきか否か　079
- (3) 専門家性・第三者性　080

4 重大事態調査の説明・調査方針の検討　082
- (1) 事前説明の種類　084
- (2) 重大事態に当たると判断した後速やかに説明・確認する事項　084
- (3) 調査方針の内容　088
- (4) 調査方針の説明　099
- (5) 関係児童生徒・保護者への調査方針の説明　103
- (6) よくある保護者からの質問　104

　　コラム　重大事態GLはどのくらい守ればよいのか　105

第 **4** 章　重大事態調査を実施する①（資料の検討等）

1 調査の基本的な考え方　108
- (1) ヒアリング前に行うこと　109
- (2) 確認する事実関係　109
- (3) 「事実」と「評価」の区別　110

2 調査資料の精査　112
- (1) 調査資料の確認　112
- (2) 調査資料の整理　115
- (3) 調査資料からわかる事実関係の整理　118
- (4) 調査資料の保管　120

3 アンケート調査　122
- (1) アンケート調査の意味　122
- (2) アンケート調査による弊害の留意点　123
- (3) アンケート調査の手順・方式　124

4 調査実施中の情報の提供（経過報告）　132
- (1) 調査実施中の経過報告に関する留意点　132
- (2) 経過報告の内容　133

　　コラム　「疑い」があるかどうかの調査？　136

第 5 章　重大事態調査を実施する②（ヒアリング）

1 ヒアリングの基本的な考え方　140
- (1) ヒアリングの意義　141
- (2) ヒアリングの欠点　141

2 ヒアリングの事前準備　144
- (1) ヒアリング事項の検討　144
- (2) ヒアリングで聴く必要のない事項　147
- (3) 録音の必要性　148
- (4) ヒアリング事項メモの作成　148
- (5) ヒアリングへの協力依頼（特に関係児童生徒）　151

3 ヒアリングの実行　152
- (1) ヒアリングを行う環境　152
- (2) ヒアリングの進め方　157
- (3) ヒアリングの方法（尋ね方）　162

4 ヒアリング結果の記録　170
- (1) 録音の反訳　170
- (2) ヒアリング結果メモ　171
- (3) 供述録取書　174
- (4) 陳述書　175

5 ヒアリングにおける配慮　176
- (1) 精神が不安定なヒアリング対象者に対する配慮　176
- (2) 噂話に対する配慮　178

コラム 秘密録音をしてよいか　179

第6章 調査報告書を作成する

1 調査報告書とは 182
- (1) 調査報告書の意義 182
- (2) 中間的な調査結果の取りまとめ 183

2 重大事態調査における事実認定の方法 184
- (1) 重大事態調査における立証の程度 184
- (2) 事実を認定する主な根拠 187
- (3) ヒアリング結果（供述）の信用性 189

3 調査報告書の記載内容 192
- (1) 調査報告書の記載項目 192
- (2) 調査組織の活動に関する事項 194
- (3) いじめに関する事実認定 197
- (4) 法的評価（「いじめ」該当性等） 200
- (5) 学校（及び教育委員会・学校法人等）の対応の検証 201
- (6) 重大事態への対処・再発の防止 203
  - コラム いじめと重大な被害/不登校との「因果関係」 210

第7章 調査結果を説明する

1 対象児童生徒・保護者への説明 214
- (1) 調査結果の説明の方法 215
- (2) 調査結果の説明の内容 217
- (3) 対象児童生徒・保護者への情報提供と個人情報保護法 219
- (4) その他調査結果の説明の留意点 223
- (5) 対象児童生徒・保護者からの所見 225
- (6) 対象児童生徒・保護者が調査に協力しなかった場合の説明の要否 226

2 対象児童生徒以外の児童生徒・保護者への説明 228
- (1) 調査結果を説明する関係児童生徒の範囲 228
- (2) 調査結果の説明の方法・内容 229
- (3) 調査結果の説明時の留意点 230
- (4) いじめを行った児童生徒・保護者が調査に協力しなかった場合の説明の要否 231

3 追加の調査 232
- (1) 対象児童生徒・保護者等からの要望 232
- (2) 追加調査の要望への対応 233
- (3) 調査報告書の内容の修正要望への対応 233
- (4) 追加調査を行った後の対応 234

第 **8** 章　調査結果説明後の留意点

1 調査結果の報告・調査報告書の公表　238

(1) 調査結果の報告　238
(2) 調査報告書の公表　239
(3) 調査報告書の公表の意味　239
(4) 調査報告書の公表の弊害　240
(5) 調査報告書の公表の考慮要素　241
(6) 公表の対象・内容　243
(7) 調査報告書の公表方法　244
(8) 調査報告書の公表に関する各自治体のガイドライン　244
(9) マスコミへの対応　245

2 調査結果を踏まえた学校の対応等　246

(1) 対象児童生徒への支援、いじめを行った児童生徒への指導等　246
(2) 調査結果の共有・再発防止策の実行　247

3 再調査　248

(1) 再調査の根拠　248
(2) 再調査の主体　250
(3) 再調査の要件　251
(4) 再調査の範囲　252
(5) 再調査の内容　254
(6) 再調査結果の説明、対応、報告　254

4 自殺事案について　256

(1) 背景調査　256
(2) いじめ防止法に基づく自殺事案の調査　258

〈関連資料〉

いじめ防止対策推進法（平成25年法律第71号）　260

おわりに　276

脚注表記について

〈法令〉

いじめ防止法 …………… いじめ防止対策推進法
教育機会確保法 ………… 義務教育の段階における普通教育に相当する教育の機会の確保等に関する法律
地教行法 ………………… 地方教育行政の組織及び運営に関する法律
個人情報保護法 ………… 個人情報の保護に関する法律

〈通知等〉

基本方針 ………………… いじめの防止等のための基本的な方針（平成25年10月11日文部科学大臣決定、最終改定平成29年3月14日）
重大事態GL …………… いじめの重大事態の調査に関するガイドライン（令和6年8月改訂版）
生徒指導提要 …………… 生徒指導提要（令和4年12月改訂版）
国への報告依頼 ………… いじめ重大事態に関する国への報告について（依頼）（令和5年3月10日付事務連絡）
国への報告依頼Q&A …… いじめ重大事態に関する国への報告について（依頼）Q&A
国への報告見直し依頼 … いじめ重大事態に関する国への報告に関する様式等の見直しについて（依頼）（令和6年3月15日付事務連絡）
背景調査指針 …………… 子供の自殺が起きたときの背景調査の指針（平成26年改訂版）
不登校指針 ……………… 不登校重大事態に係る調査の指針（平成28年3月）
令和6年パブコメ結果 … 「いじめの重大事態の調査に関するガイドラインの改訂案」に関するパブリックコメント（意見公募手続）の結果について（令和6年8月30日）

第 **1** 章

いじめと学校の責任・義務

chapter1
1 いじめに関する 学校の民事上の責任

ポイント

○いじめの法的問題は、様々な世界（「民事の世界」「刑事の世界」「いじめ防止対策推進法の世界」等）から問題提起される。

○いじめ防止対策推進法によって定義される「いじめ」に関して、学校は防止、早期発見、適切かつ迅速な対処を行う責務を負う。

○学校は、民事上の義務として、子どもが安全に教育を受けられるように、種々の措置を講じる義務（安全配慮義務）を負っている。

（1） 法的に見るいじめ問題

「社会あるところに法あり」（"Vbi societas, ibi ius."）というラテン語のことわざ（法諺）があります。法的問題は社会のあらゆる場面に存在しており、学校現場も例外ではありません。そして、一口に法律といっても、そこにはいくつかの世界（分野）があり、一つの出来事であったとしても、それぞれの世界から異なる問題提起があります。いじめ問題についても同様であり、いじめという一つの出来事にも、それぞれの世界から、複数の問題提起があります。

一つは、**民事の世界**です。例えば、一方の子どもが他方の子どもを殴ることによって、身体を傷つけることがあります。暴言によって精神的な苦痛を与えることもあるでしょう。そうすると、この暴行や暴言が、民法上

の不法行為（民法709条）に該当する可能性があります。そうなった場合、一方は他方に損害賠償責任を負うことになります。

　また、いじめが**刑事事件**になることもあります。殴ったことが、暴行罪（刑法208条）に該当する可能性があります。殴ったことによって怪我をした場合、傷害罪（刑法204条）が成立するかもしれません。時には性犯罪にもなることがあります。これは刑事の世界の問題です。

　その他に、いじめ特有の問題として、**いじめ防止対策推進法**（以下、本書では「いじめ防止法」と省略します。）の世界があります。この世界では、特に学校等に対する特別な義務を定めています。学校に関して言えば、いじめ防止法上の「いじめ」に関して、**学校は、防止、早期発見、適切かつ迅速な対処に取り組む責務を負っています**（いじめ防止法8条）。ある

いじめと法の関係

民事 の世界	【例】 ・体を傷つけた ・暴言によって精神的な苦痛を与えた ⇩ **民法上の不法行為** （民法709条）**に該当する可能性**
刑事 の世界	【例】 ・誰かを殴った ⇩ **暴行罪** （刑法204条）**に該当する可能性**
いじめ 防止法 の世界	**学校等に対する特別な義務** を定める 【例】 　学校は「いじめ」に関して、防止、早期発見、適切かつ迅速な対処に取り組む責務を有する いじめ防止法8条（要約）

11

子どもが他方の子どもを殴ったことについて、学校は、どう対処すべきか（またはこれを防ぐためにどうすればよいか）等ということを考えなければなりません。

ここで注意して欲しいのが、それぞれの世界で、いじめの捉え方（要件）が異なるということです。民事法の世界では不法行為に該当するかどうか、刑事法では暴行罪等の犯罪が成立するかどうか、いじめ防止法では同法に定義されている「いじめ」に該当するかどうかが、それぞれ問題となります。それぞれの要件は、必ずしも連動しません。

この中でも、最も範囲が広く、また学校としての対応を強く求められるのが、いじめ防止法の世界です。

本書では、主にいじめ防止法の世界を取り扱います。しかし、なぜ学校がいじめ防止法上の義務を負っているのか、ということをより理解するために、まずは、学校の民事上の責任について説明します。

(2) 「安全配慮義務」

先ほど見た民事上のいじめの問題は、一方の子どもから他方の子どもに対して責任が発生するかどうか、という問題でした。しかし、学校も、民事上、子どもに対して法的責任を負う可能性があります。つまり、学校が子どもに義務を負う反面、子どもは学校に権利を持つ、という関係になります。

それでは、**学校の子どもに対する民事上の義務**とは何でしょうか。いじめの文脈では、**「安全配慮義務」**が基本となります。子どもが学校という営造物を利用して教育を受けるという特殊な関係がある以上、学校（厳密には、学校の設置者である地方公共団体、学校法人、国立大学法人等）は、**子どもが安全に教育を受けられるように、種々の措置を講じる義務を負っているとされています。**

裁判例では、「学校における教育活動及びこれに密接に関連する生活関

係によって生ずるおそれのある危険から生徒を保護し、安全の確保に配慮すべき義務を負っており、特に、生徒の生命、身体、精神、財産等に大きな悪影響ないし危害が及ぶおそれがあるような場合には、そのような悪影響ないし危害の現実化を未然に防止するため、その事態に応じた適切な措置を講じるべき一般的な安全配慮義務を負っている」[1]等と言われます。

更に、私立学校の場合は、公立学校と違って学校運営は地方行政ではありません。すなわち、学校法人と子ども（ないしは保護者）との間で、学校施設を利用して子どもに教育を受けさせる代わりに、その対価として子ども（保護者）は、学校法人に授業料等を支払う、という内容の契約を締結しています。このような契約を「在学契約」と言います。学校は、この在学契約の一内容として、安全配慮義務を負っているということにもなります。

その具体的な義務の内容は様々ですが、よく問題になるのは、学校が「いじめの兆候」を発見しえたか、発見後の情報の共有が適切にできていたか、いじめの事実関係の把握（調査）をしたか、被害を受けた子どもへの支援や関係する子どもへの指導を組織的に行ったか等です。裁判[2]で問題となる学校の法的責任は、直接的には、いじめ防止法上の義務ではなく安全配慮義務を理由とする民事上の責任です。

そもそも、いじめ防止法が成立する以前から、いじめの法的問題は、この「安全配慮義務」の問題でした。しかし、安全配慮義務は、法律にはっきり定められておらず、抽象的であり、あまりいじめの防止として機能しません。

特に、平成24年頃には、いじめが背景事情にある自殺事件など、よりいじめがクローズアップされるようになりました。そのような背景をもとに、**社会的にいじめ問題にもっとよく取り組むために制定されたのが、い**

---

1 福岡高判令和3年1月22日判時2545号58頁等。
2 公立学校なら国家賠償請求訴訟、私立学校なら民法上の損害賠償請求訴訟等。

じめ防止法です[3]。

　いじめ防止法上の学校の義務そのものについては、安全配慮義務のように、子どもの側に対応する権利があるわけではありません。公教育を担っている教育機関として、公的に義務を負っているものです。

　誤解のないようにですが、いじめ防止法上の義務を履行しているかどうかが、安全配慮義務の有無に影響することはあります。実際、安全配慮義務違反の有無の判断の中で、いじめ対応として適切な措置が取られたかどうかの基準として基本方針を参照する裁判例もあります[4]。

3　「すべての学校・教育委員会関係者の皆様へ［文部科学大臣談話］」平成24年7月13日、「いじめ防止対策推進法の公布について」25文科初第430号平成25年6月28日参照。
4　福岡高判令和2年7月14日判時2495号36頁。

コラム

「学校」の法的責任？

　よく「学校の責任」「学校の代理人」といった言葉を耳にしますが、厳密には、「学校」に民事上の法的責任が生じるわけではありません。

　法的責任の主体は「人」ですが、「人」は「自然人」（＝人間）か、法律で特に定められた「法人」（地方公共団体、学校法人、国立大学法人、株式会社等）のどちらかです。「学校」はあくまで教育機関であり、「自然人」でないことはもちろん「法人」でもありません。

　そのため、安全配慮義務違反等、学校での教育活動について法的責任が問われるのは、学校の設置者（公立学校の場合は地方公共団体、私立学校の場合は学校法人、国立大学附属学校の場合は国立大学法人等）と教職員個人です。また、判例上、公務員は、個人的な責任を負わないとされていますので（最三小判昭和30年4月19日民集9巻5号534頁）、故意又は重過失があるような場合でない限り、公立学校の教職員個人が責任を負う可能性は、かなり低くなっています。

　ただ、結局、安全配慮義務違反の有無は、現場の学校教職員の対応等によって決まることになりますので、そのイメージ等から、一般的には「学校の責任」と表現してしまうことが多いと思います。

　なお、本文で述べたとおり、いじめ防止法上の学校の義務は、安全配慮義務と異なり、学校の設置者の義務とは明確に区別して定められていますので、注意してください。

chapter1

2 いじめ防止対策推進法上の学校の義務

ポイント

○いじめ防止法上のいじめは、「児童等」と「一定の人間関係」にあるほかの児童等が、「心理的又は物理的な影響を与える」行為で、その対象となった児童等が「心身の苦痛を感じている」ものを指す。

○いじめ防止法上、いじめに対して学校がとるべき措置は、いじめの防止、いじめの早期発見及びいじめへの対処である。

○重大事態に該当するのは、重大な被害が「生じたとき」ではなく「生じた疑いがあると認めるとき」である。

　民事上の「安全配慮義務」といじめ防止法上の義務の関係性がわかったところで、いじめ防止法上の義務を具体的に見ていきましょう。

　いじめ防止法の解釈に当たっては、行政が公表している各種の指針やガイドラインを無視できません。特に、基本方針や重大事態GLは、重要です。

(1)　「いじめ」の定義

　まずは、全ての義務の基礎である、「いじめ」(いじめ防止法2条1項)の定義です。以降、他からの引用でない部分については、特に断りがない限り、いじめとは(かぎ括弧を付けていなくとも)、いじめ防止法2条1項の「いじめ」を指すものとします。

（定義）

第二条

この法律において「いじめ」とは、児童等に対して、当該児童等が在籍する学校に在籍している等当該児童等と一定の人的関係にある他の児童等が行う心理的又は物理的な影響を与える行為（インターネットを通じて行われるものを含む。）であって、当該行為の対象となった児童等が心身の苦痛を感じているものをいう。

それでは、定義を細かく見ていきましょう。

ア 「当該児童等と一定の人的関係にある他の児童等が行う」

<u>「児童等」[5]の間の行為のみが対象</u>です。大学生等の「学生」は対象外ですし、教職員から児童等に対する暴言、暴力等があった場合もこの法律の対象外です。本書でも文脈によって「児童等」ではなく「子ども」という言葉を使用することがありますが、特に断りがない限りは「児童等」を指すものとします。

もちろん、教職員からの暴言、暴力等の場合に何の支援も必要ないということではありません。安全配慮義務等を根拠に、適切に支援することは必要です。近年では「教職員等による児童生徒性暴力等の防止等に関する法律」が制定されるなど、教職員による子どもの権利侵害（少なくとも教職員の子どもに対する性被害）についても社会的な関心が高まりつつあります。

また、「いじめ」と言えるためには、「児童等」の間に一定の人間関係があることが必要です。つまり、面識のない子どもが道端ですれ違いざまに他の子どもに危害を加えることはいじめではない、ということになります。

他方、同じ学校やクラスに在籍していること等は要求されていませんの

5　学校に在籍する児童又は生徒。いじめ防止法2条3項。

で、実際のいじめ事案で解釈が問題になることは、多くありません。

イ　「心理的又は物理的な影響を与える行為（インターネットを通じて行われるものを含む。）」

　次の要件ですが、一方から他方への「行為」があることが必要です。ただし、その行為態様は問われません。一人による行為であろうと、たった一回の行為であろうと、「行為」です。また、「行為」には「～しない」という不作為も含むものとされています。例えば、無視したり、仲間はずれにしたりすることも「行為」です。更に、被害者が先に加害をした場合でも、後の行為が「いじめ」にならないのではなく、それぞれの「行為」ごとに、いじめの該当性が問題になります。そのため、特定の行動が「行為」に該当しないというケースも、実際にはほとんどありません。

　また、「行為」は「心理的又は物理的な影響を与える」ものである必要があります。もっとも、特定の行為があれば少なくとも何らかの心理的な影響はあるのが通常です。そのため、特定の「行為」について、「心理的又は物理的な影響」を与えないと判断されることもほとんどありません。

ウ　「当該行為の対象となった児童等が心身の苦痛を感じているもの」

　いじめ防止対策推進法案に対する附帯決議[6]等において、「いじめには多様な態様があることに鑑み、本法の対象となるいじめに該当するか否かを判断するに当たり、「心身の苦痛を感じているもの」との要件が限定して解釈されることのないよう努めること。」とされています。そして、基本方針では、「個々の行為が「いじめ」に当たるか否かの判断は、表面的・形式的にすることなく、いじめられた児童生徒の立場に立つことが必要である。」とされています[7]。このような観点から、一般的には、この「**心身**

6　平成25年6月19日衆議院文部科学委員会決議。
7　基本方針4頁。

の苦痛を感じているもの」とは、「いじめを受けた児童等」の主観的な判断によることとされています。そうすると、一般的な価値観を基準として、通常であれば「心身の苦痛」を感じるといえるかどうかは関係ないことになります。つまり、人によっては「心身の苦痛」を受けるとは思えない場面でも、本人が苦痛を感じたのならば、「心身の苦痛を感じているもの」に該当することになります。また、「行為」をした側の意思も関係ないので、好意で行った場合でも「心身の苦痛を感じているもの」に該当します。

　よく、「これはいじめではなく、生徒間トラブルである」といったように、苦痛の度合いで「いじめ」かどうかを判断する方もいますが、**いじめ防止法上、生徒間トラブルという言葉はありません**。また、上記の「心身の苦痛」の解釈を前提とすると、苦痛をどの程度感じたかは本人でなければなかなか判断もつかないところです。そのため、**苦痛の度合いで「いじめ」かどうかを判別することは解釈上難しく、避けた方がよいでしょう**。

　なお、対象となっている児童等が亡くなっている等、「心身の苦痛」を感じたかどうかを直接本人に確認できない場合は、客観的な資料等から、その児童等が苦痛を感じていたかを判断することとなります。

　「心身の苦痛」については以上のとおりですが、「いじめ」の定義上、「当該行為の対象となった」児童等が「心身の苦痛を感じているもの」とされています。そうすると、AがBに対して行った悪口を聞いたCが、自分に対する悪口だと思って苦痛を感じた場合はどうでしょうか。このような問題に対する法解釈は、いまだ確立した見解がありません。

　これは私見ですが、定義上、「対象となった」としている以上、当該児童等が特定の行為の対象となっていることは、必要であると考えざるをえないと思います。しかし、陰口などのように、行為を行ったその場に相手がいなかったことや、上記のように、行為者に当該児童等に影響を与える意図がなかったという事実のみをもって、「当該行為の対象となった」という要件に該当しないと判断することは、適切ではないと思います。表向

きは当該児童等に向けたものでなくとも、その行為には、当該児童等を傷つける裏の意味がある可能性もありますし、なにより、「いじめを行った児童等」側の意思を問わないとしたいじめ防止法の趣旨に反しかねないからです。「当該行為の対象となった」という要件に該当しない事例は十分想定されますが、その行為の行われた場所、時間、行為自体の性質等、具体的な事情を考慮して総合的に判断する必要があるでしょう。

(2) 「いじめ」に対する学校の措置

いじめに対する施策は、大きく3つに分類されます。すなわち**いじめの防止、いじめの早期発見**及び**いじめへの対処**です（いじめ防止法1条。**いじめ防止法は、これらを総称して「いじめの防止等」と定義**しています）。

学校の責務も、この「いじめの防止等」に対応するように定められています。つまり、①学校全体でいじめの防止に取り組むこと、②学校全体でいじめの早期発見に取り組むこと、そして③いじめを受けていると思われるとき、適切かつ迅速に対処することです。

（学校及び学校の教職員の責務）
第八条　学校及び学校の教職員は、基本理念にのっとり、当該学校に在籍する児童等の保護者、地域住民、児童相談所その他の関係者との連携を図りつつ、学校全体でいじめの防止及び早期発見に取り組むとともに、当該学校に在籍する児童等がいじめを受けていると思われるときは、適切かつ迅速にこれに対処する責務を有する。

なお、法的な分類ではありませんが、生徒指導提要では、**生徒指導を2軸3類4層構造に分類しています**[8]。

・2軸（プロアクティブ／リアクティブ）

8　生徒指導提要17頁。

・3類（発達支持的生徒指導／課題予防的生徒指導／困難課題対応的生徒指導）

・4層（発達支持的生徒指導／課題予防的生徒指導（未然防止教育）／課題予防的生徒指導（課題早期発見対応）／困難課題対応的生徒指導）

　「いじめの防止等」ないしいじめ防止法8条の学校の義務は、このような生徒指導の分類ともよく整合しています。つまり、①いじめの未然防止は発達支持的生徒指導と課題予防的生徒指導（未然防止教育）に、②いじめの早期発見は課題予防的生徒指導（課題早期発見対応）に、いじめへの対処は困難課題対応的生徒指導に、それぞれ対応します（生徒指導提要128～129頁参照）。生徒指導についてほとんど法律上の規定がない日本においては、**いじめ防止法が生徒指導一般に通ずる義務を明示している**点は、非常に重要です。

　そして、このような「いじめの防止等」の対策のために各学校に置かれているのが、いじめ防止対策組織（いじめ防止法22条）です。そして、③との関係で重要なのが、いじめ防止法23条です。

（いじめに対する措置）

第二十三条　学校の教職員、地方公共団体の職員その他の児童等からの相談に応じる者及び児童等の保護者は、児童等からいじめに係る相談を受けた場合において、いじめの事実があると思われるときは、いじめを受けたと思われる児童等が在籍する学校への通報その他の適切な措置をとるものとする。

2　学校は、前項の規定による通報を受けたときその他当該学校に在籍する児童等がいじめを受けていると思われるときは、速やかに、当該児童等に係るいじめの事実の有無の確認を行うための措置を講ずるとともに、その結果を当該学校の設置者に報告するものとする。

3　学校は、前項の規定による事実の確認によりいじめがあったこと

が確認された場合には、いじめをやめさせ、及びその再発を防止するため、当該学校の複数の教職員によって、心理、福祉等に関する専門的な知識を有する者の協力を得つつ、いじめを受けた児童等又はその保護者に対する支援及びいじめを行った児童等に対する指導又はその保護者に対する助言を継続的に行うものとする。

4　学校は、前項の場合において必要があると認めるときは、いじめを行った児童等についていじめを受けた児童等が使用する教室以外の場所において学習を行わせる等いじめを受けた児童等その他の児童等が安心して教育を受けられるようにするために必要な措置を講ずるものとする。

5　学校は、当該学校の教職員が第三項の規定による支援又は指導若しくは助言を行うに当たっては、いじめを受けた児童等の保護者といじめを行った児童等の保護者との間で争いが起きることのないよう、いじめの事案に係る情報をこれらの保護者と共有するための措置その他の必要な措置を講ずるものとする。

6　学校は、いじめが犯罪行為として取り扱われるべきものであると認めるときは所轄警察署と連携してこれに対処するものとし、当該学校に在籍する児童等の生命、身体又は財産に重大な被害が生じるおそれがあるときは直ちに所轄警察署に通報し、適切に、援助を求めなければならない。

ア　情報の共有（いじめ防止法23条1項）

　いじめに対応するためには、当然、いじめの可能性を認識しなければなりません。そこで、教職員等、子どもから相談に応じる者や保護者には、いじめの事実があると思われるときには、学校への通報等の適切な措置をとる必要があります。

　注意すべきは、**いじめの事実があるときではなく、「いじめの事実があ**

ると思われるとき」であるということです。先ほど見たいじめの定義に該当する事実があるかどうかを厳密に判断するのではなく、「そういったことがありそう」という状態であっても、学校への通報等を要します。なぜ「思われるとき」なのかというと、一々本当にいじめがあるかどうかを確認してから動くようでは、子どもの保護が間に合わないからです。

イ　いじめの事実の有無の確認及び報告（いじめ防止法23条2項参照）

　そして、学校は、この通報を受けたとき、当該学校に在籍する子どもがいじめを受けていると思われるときには、**①いじめの事実の有無の確認を行うための措置を講ずること、②その結果を当該学校の設置者に報告すること**が義務付けられています。

　「いじめを受けていると思われるとき」となっているのは、いじめ防止法23条1項と同じ趣旨です。つまり、学校側で、いじめの事実確認を行い、その結果を教育委員会や学校法人に報告する義務を負うのは、いじめの事実が**「あったとき」ではなく、「あったと思われるとき」**です。極論、実際にいじめがあるかどうかに関係なく、通報があった場合や生徒間で何かしらのトラブルが散見された又はありそうだと認識したときは、事実確認と報告が必要になります。「いじめの事実の有無の確認」とは具体的に何をしたらいいのか、ということについては後述します。

　ちなみに、いじめ防止法上、「報告」という言葉は、学校設置者、文部科学大臣、首長、都道府県知事等に対する報告という意味で使われています[9]。保護者への情報共有は、「報告」ではなく、「いじめの事案に係る情報をこれらの保護者と共有するための措置」[10]とされています。

9　いじめ防止法23条2項、24条、29条1項・2項、30条1項・2項・3項、31条1項・2項、32条1項・2項。
10　いじめ防止法23条5項。

ウ　被害者への支援・加害者への指導/助言（法23条3項以下参照）

　上記の確認の結果を踏まえて、学校は、「いじめ」をやめさせ、及びその再発を防止するために、いじめを受けた子どもとその保護者に対する支援を行うこと、そしていじめを行った子どもに対する指導やその保護者に対する助言を継続的に行うこととされています。被害側には「支援」、加害側の児童等には「指導」、加害側の保護者には「助言」と、言葉が使い分けられています。

　また、いわゆる別室登校等、**安心して教育を受けられるようにするために必要な措置を講ずること**が定められています（4項）。なお、公立学校の場合、市町村教育委員会においても同様に、出席停止措置[11]等の「必要な措置」を講ずるということが定められています。

　別室登校や出席停止措置は例示の一つにすぎず、必ずしも別室登校や出席停止の措置を講ずるべきである、ということではありません。法律上、「その他の」は、その前の語句が、その後ろの語句の例示であるということを示します。ちなみに、「その他」とある場合[12]は、例示ではなく、その前後の語句が並列の関係にあることを示します。別室登校について、実務上どのように対応すべきか、ということは後に詳しく説明します。

　また、**「いじめの事案に係る情報を保護者と共有するための措置その他の必要な措置」を行うことも定められています**（5項）。ここも「その他の」ですので、**保護者への情報共有は「必要な措置」の一例**です。もっとも、「支援」に際して、「必要に応じていじめ事案に関する適切な情報処理が行われるように努めること」はいじめ防止対策推進法案に対する附帯決議[13]等でも指摘されているところですので、いじめを受けた子どもの保護者への情報提供には慎重な判断を要します。実務的な対応は後述します。

　そして、このような対応は、当該学校の複数の教職員によって行うこと、

11　いじめ防止法26条、学校教育法35条1項。
12　いじめ防止法11条2項3号等。
13　平成25年6月19日衆議院文部科学委員会決議。

そして心理、福祉等に関する専門的な知識を有する者の協力を得つつ行うこととされています（6項）。

(3) 「重大事態」への対応

そして、いじめ防止法23条に匹敵するほど重要な条文が、「重大事態」を定めたいじめ防止法28条です。

（学校の設置者又はその設置する学校による対処）

第二十八条　学校の設置者又はその設置する学校は、次に掲げる場合には、その事態（以下「重大事態」という。）に対処し、及び当該重大事態と同種の事態の発生の防止に資するため、速やかに、当該学校の設置者又はその設置する学校の下に組織を設け、質問票の使用その他の適切な方法により当該重大事態に係る事実関係を明確にするための調査を行うものとする。

一　いじめにより当該学校に在籍する児童等の生命、心身又は財産に重大な被害が生じた疑いがあると認めるとき。

二　いじめにより当該学校に在籍する児童等が相当の期間学校を欠席することを余儀なくされている疑いがあると認めるとき。

2　学校の設置者又はその設置する学校は、前項の規定による調査を行ったときは、当該調査に係るいじめを受けた児童等及びその保護者に対し、当該調査に係る重大事態の事実関係等その他の必要な情報を適切に提供するものとする。

3　第一項の規定により学校が調査を行う場合においては、当該学校の設置者は、同項の規定による調査及び前項の規定による情報の提供について必要な指導及び支援を行うものとする。

ア 「重大事態」

　「いじめ」があると思われるときの法的義務は上記のとおりですが、中でも、重大な被害が生じていると疑われる場合は、「重大事態」として、特別の対応をすることが求められます。

　いじめ防止法28条1項では、①「いじめにより当該学校に在籍する児童等の生命、心身又は財産に重大な被害が生じた疑いがあると認めるとき」（1号）と、②「いじめにより当該学校に在籍する児童等が相当の期間学校を欠席することを余儀なくされている疑いがあると認めるとき」（2号）のいずれかに該当する場合を重大事態と定義しています。

　①の「生命、心身又は財産に重大な被害」とは、児童等が自殺を企図した場合、身体に重大な障害を負った場合、金品等に重大な被害を被った場合、精神性の疾患を発症した場合などが考えられるとされ、②の「相当の期間」とは、30日を目安とする（ただし、一定期間連続して欠席しているような場合には、これにかかわらず迅速に調査に着手する）こととされています[14]。なお、1号と2号は二者択一ではなく、実際にはどちらにも該当する場合もあります。

　重大事態に該当する例としては、重大事態GL別添資料1においても、以下が挙げられています（もちろん以下に限られるわけではありません）[15]。

　①児童生徒が自殺を企図した場合

　②心身に重大な被害を負った場合

　③金品等に重大な被害を被った場合

　④いじめにより転学等を余儀なくされた場合

　余談ですが、「重大事態」の定義上、「いじめにより」発生した事態という意味が含まれていますので、本当は、「いじめ重大事態」のように、「い

14　基本方針32頁。
15　重大事態GL 48頁。

じめ」を頭につける必要はありません。ただ、わかりやすさのためか、公文書でも「いじめ重大事態」「いじめの重大事態」という言葉が使用されています。

イ 「重大事態」かどうかの判断に関する考え方

「重大事態」に該当するのは重大な被害が**「生じた疑いがあると認めるとき」であって、いじめによって重大な被害が「生じたとき」ではありません**。これは、いじめ防止法23条2項で「いじめを受けていると思われるとき」に対応が求められることと同じです。むしろ、その重大な被害の要因となるようないじめがあったかどうかを調査するのが、重大事態の調査です。

この**「重大事態」に該当するかどうかの判断**は、いじめ防止法28条1項のとおり、**学校の設置者又は学校が行う**こととされています。しかし、この判断に関する裁量は、決して広くありません。重大事態GLでは、「児童生徒や保護者から、「いじめにより重大な被害が生じた」という申立てがあったとき（人間関係が原因で心身の異常や変化を訴える申立て等の「いじめ」という言葉を使わない場合を含む）は、その時点で学校が「いじめの結果ではない」あるいは「重大事態とはいえない」と考えたとしても、重大事態が発生したものとして報告・調査等に当たる。」とされています[16]。

他方、いじめが起こりえないような場合であるにもかかわらず、保護者等から、いじめによって不登校になった等という訴えがあった場合も、この「疑いがあるとき」に該当するのでしょうか。法律上、「疑い」としか定められておらず、どのくらいの確証や根拠があれば「疑い」があると言えるのかは明確ではありませんが、重大事態GLでは、いじめ防止法23条2項の規定を踏まえた学校いじめ対策組織による調査を実施し、事実関係

16 重大事態GL 14頁。

の確認を行うことが考えられる等としています[17]。そのうえで、「確認の結果、申立てに係るいじめが起こり得ない状況であることが明確であるなど、法の要件に照らしていじめの重大事態に当たらないことが明らかである場合を除き、重大事態調査を行い、詳細な事実関係の確認等を行う必要がある。」としています。その一例として、「いじめの事実が確認できなかっただけでは足りず、設置者または学校においていじめの事実が起こりえない（註：原文ママ）ことを客観的・合理的な資料等を用いつつ、説明する必要がある。」と指摘しています。これは、学校の設置者や学校に「なかったこと」の証明をさせる（学校内外を問わずあらゆるいじめの可能性を全て否定する）ことに等しく、ほとんど不可能です。そのため、重大事態GLに沿う限り、保護者等からいじめによって不登校になった等という訴えがあった場合に**「疑い」がなかったとして重大事態調査を行わない対応は、大変なリスクがある**ことになります。重大事態調査は、時間も労力もかかりますから、学校の設置者や学校にとっては大きな負担です。そもそも、このような証明を求める重大事態GL自体に疑問があり、仮にいじめ防止法がここまでの証明を学校の設置者や学校に求めているのだとすると、立法で解決する必要がある問題だと考えていますが、現状、無視することは難しく、上記の解釈を前提として「疑い」があるかどうかを考える必要があります。

ウ 「重大事態」の発生報告

重大事態が発生した場合、まずは国公私立それぞれ定められた先に、重大事態の発生報告を行います（いじめ防止法29条～32条）。**国立大学附属学校の場合は学長又は理事長を経由して文部科学大臣に**、**私立学校の場合は学校の設置者（学校法人等）を経由して都道府県知事に**、**公立学校は教育委員会を経由して地方公共団体の長に**、それぞれ提出します。

---

17 このような23条2項の調査については、第4章のコラム参照。

このように国公私立で報告先が異なりますが、令和5年4月1日以降に発生した重大事態については、公立学校や私立学校であっても、国に対する重大事態の発生報告をすることも求められています。公立学校の場合は都道府県または指定都市の教育委員会、私立学校の場合は都道府県の主管部課、国立大学付属学校の場合は国立大学法人の担当課をそれぞれ通じて文部科学省に報告します[18]。

また、調査の開始日（＝重大事態に関する重大事態調査委員会の初回開催日）が決定した時点で、国に対して、重大事態の調査開始報告書の提出も求められます[19]。

エ 「重大事態」の調査

「重大事態」が発生した場合、当該重大事態に係る事実関係を明確にするための調査を行うものとされています（いじめ防止法28条1項）。「事実関係を明確にする」とは、重大事態に至る要因となったいじめ行為が、**いつ（いつ頃から）、誰から行われ、どのような態様であったか、いじめを生んだ背景事情や児童生徒の人間関係にどのような問題があったか、学校・教職員がどのように対応したかなどの事実関係を、可能な限り網羅的に明確にすること**であるとされています（基本方針35頁）。

また、その調査の方法は、「当該学校の設置者又はその設置する学校の下に組織を設け、質問票の使用その他の適切な方法により」とされています。

23条2項は「いじめの事実の有無の確認を行うための措置」でしたが、28条1項では「調査」を行う、ということとなっています。しかし、いずれにしてもいじめの事実の確認を行うという点では、大きな差はありま

---

18 国への報告依頼参照。なお様式は、令和6年に新しくなりました（国への報告見直し依頼）。国への報告は、法律上の規定に基づく義務ではなく、文部科学省からの依頼による任意の報告という位置づけです（国への報告依頼Q&A）問1-2）。
19 国への報告依頼3頁以下。

せん。**他方、「組織を設け」ることが求められている点は、いじめ防止法23条2項の調査と異なっています**。

　組織を設けて発生報告をしたら調査開始となるわけですが、調査の内容については、「質問票の使用」という例示があるのみで、具体的な方法は、法律に定めがありません。実務上、どのような調査を行うかについては、第3章以下で説明します。

オ　調査結果等の情報提供

　いじめ防止法23条の説明でも触れたとおり、いじめを受けた児童等の保護者への情報提供は重要視されており、重大事態の調査結果等の情報提供も、同様に重要視されています[20]。

　いじめ防止法28条2項でも、いじめ防止法23条5項同様、「報告」とはされておらず、「必要な情報を適切に提供するものとする。」とされています[21]。そして、その例示の一つに「重大事態の事実関係等」が挙げられています。何をどこまで提供するかは、非常に難しい問題です。少なくとも、**調査の結果判明したいじめ事実の有無、その認定根拠、学校の対応に関する事項等の調査報告書に記載する事項については、「必要な情報」として、提供をする場合が多い**かと思います。もっとも、個人情報保護のために、関係児童等の実名、アンケートやヒアリングの回答内容そのもの、家庭環境等の情報等については、その提供について、非常に慎重な考慮が必要です（第7章1(3)参照）。

20　いじめ防止対策推進法案に対する附帯決議（平成25年6月20日参議院文教科学委員会決議）。

21　重大事態GL 4頁では、「重大事態調査終了後、調査主体は対象児童生徒・保護者に対し調査結果を報告」となっていますが、これも「必要な情報を適切に提供する」ことを指します。第3章で後述する対象児童生徒・保護者への「経過報告」（重大事態GL 34頁）も、同様です。

カ 「重大事態」の調査結果の報告

　発生報告と同様、調査結果も国公私立でそれぞれの報告先に報告します。なお令和5年4月1日以降に提出された調査報告書についても（発生報告が同日より前であったとしても）国に提出することが求められています[22]。

(4) 「いじめ」の定義が広いことについて

　「いじめ」の定義は非常に広く、しかも、その「いじめ」を「受けていると思われるとき」とされていることから、何かのクレームがあった場合、そのクレームの根拠が乏しいように思われるときでも、事実関係の確認等の対応が必要になるのか、という疑問があると思います。これについては、現行法上そのようにせざるをえませんとしか言えませんが、それでは何の納得もないと思います。そこで、試験的に、その背景の法的な考え方を、筆者なりに示したいと思います。

　冒頭の説明のとおり、いじめによって、民法上の責任が発生し、また犯罪が成立する場合はありますが、いじめ防止法上の「いじめを受けていると思われるとき」又は「いじめ」があると認められたとしても、その効果として民法上の損害賠償責任が発生するわけではなく、また犯罪が成立するわけでもありません。

　先ほど見たとおり、学校は、「いじめを受けていると思われるとき」には事実の確認・報告をすることや「いじめがあったことが確認された場合」、支援、指導及び助言をすること等を求められます。「重大事態」と認めたときは、いじめ事実等に関する調査、「いじめ」を受けた保護者等への必要な情報の提供、そして地方公共団体等への調査結果の報告が求められます。

疑わしい事象がある場合に、子どもの関係に大人が介入して一旦預かる

---

22 国への報告依頼Q&A・問2-5。

ことにとても大きな意味があります。事実関係を確認して必要な措置を検討するまで何もできないとなると、事実関係を確認している間にも、子どもは更に傷ついていってしまいます。そのため、まずは「疑わしい」というレベルでも大人が一旦預かることで、適切な支援等を行うための時間を確保します。

もし事実関係を確認して「いじめ」がなかった、又は「いじめ」とは異なる別の問題が根本にあったということがわかれば、そのときに必要な対応を行います。

その意味では、「いじめを受けていると思われる」かどうかは、子どもの関係性に大人が介入するトリガーとしての機能を持っています。私見では、**いじめ防止法で最も重要なのは、この一旦大人が預かるターニングポイントを設定したことにある**と思います。

実は、この「一旦預かる」というプロセスは、他の法分野でも非常によくあります。お金を貸したのに返さない、というような民事上の紛争も、本人同士では喧嘩になりかねません。しかし、お互いに弁護士の代理人が就くと、本人同士のやりとりは一旦ブロックされて、弁護士を通じた話合いによって解決を目指すことになります。このように、一旦本人たち同士のやり取りをブロックして、その後話合い等の方法による解決を志向するというプロセスは、非常に法律的です。筆者は、いじめ防止法は、このような思考を学校現場に持ち込んでいると考えています。

もちろん、上記のような趣旨だとしても、「いじめ」の定義の広さゆえに、少しのいさかいですら「いじめ」の定義に該当しかねないことから、介入のタイミングが早すぎるのではないか、学校の負担が重すぎるのではないか等の批判はありえます。いじめ防止法も、決して問題の少ない法律ではありません。いじめ防止法や重大事態GL等の課題は枚挙に暇がありませんが、少なくとも本書では、現行のいじめ防止法を前提とした実務的な対応を解説したいと思います。

第 **2** 章

いじめに初期対応する

chapter 2

1 いじめ把握の端緒

ポイント

○いじめを把握するためには、アンケートや個人面談、相談窓口等、把握するためのシステムを用意しておく必要がある。

○アンケートはただ行うのではなく、どのような意義を持たせて行うのかを明確にする。

○個人面談の結果は、必ず記録に残しておく。

本章から、具体的ないじめ対応に関する解説に入っていきます。

重要なのは、やはり初期対応です。本章では、重大事態の調査の前に、いじめの初期対応や初動の調査について説明します。また、説明をより具体的なものにするため、ごく簡単な事例を踏まえて説明していきます。

事例

α市立A小学校では、毎年度2回（6月、11月）、全児童を対象に、いじめアンケート (P.36) を行っている。6年生のXは、11月のいじめアンケートの自由記入欄に、「クラスメイトのYから、『お前、ウザいよ』と言われて殴られた」と書いていた。

担任のBは、Xのいじめアンケートを見て、放課後、誰もいない空き教室にX、Y双方を呼んで事実確認をした。結果、10月25日の下校時、

下駄箱付近でYがXに対して「お前、ウザいよ」と言ったことはお互い一致した。

しかし、Yは、その日の昼休み、XYを含むクラスの男子がサッカーをしていた際、Xは、Yにわざとボールを当ててきたこと（Xはサッカーのクラブチームに入っている。）、下校時に、Yは、Xに背中に乗っかられたり、Yの脚を蹴る真似をしたりするなどしてからかわれたため、昼休みのこともあって「お前、ウザいよ」と言って小突いたと主張した。しかし、Xはこれらのyの指摘を全て否定した。

Bは、Yの主張が本当であるかどうかわからなかったが、少なくともYがXの行動を嫌だと感じていることから、XのYに対する行動を反省すべきであること、Yも、どんな理由があれ、暴言や暴力はよくないことを指導し、双方に謝罪をさせた (P.56)。

Bは、その日の内に、上記の指導をしたことを口頭で生徒指導主任に報告した (P.44)。生徒指導主任は、Bから報告を受けて、Xのいじめアンケートに、手書きで「指導済み」と記載し、校長に報告した。

このような対応には、どんな改善点があるか。

(1) 「いじめ」発見のルート

それでは、具体的な「いじめ」への対応を考えていきましょう。当然、「いじめ」に対応するためには、「いじめ」があるかもしれないと発見しなければなりません。生徒指導提要には、主ないじめの発見ルートとして、以下が挙げられています[1]。

・アンケート調査
・本人からの訴え

1　生徒指導提要135頁。

・当該保護者からの訴え

・担任による発見

　文部科学省が公表している統計結果[2]でも、国公私立を問わず、これらのきっかけによるいじめの発見が多い傾向にあります。特に、アンケート調査等の学校の取組による発見が、群を抜いて多いです。このような統計からもわかるように、**いじめを把握するためには、把握するためのシステムを用意しておくことが必要**になります。また、いじめは必ずしも先生の目の届くところで行われるとは限らず、またいじめられた本人も直接学校には言いづらいということもあります。

⑵　把握のために必要な学校のシステム

ア　定期的なアンケート

　いじめ防止法16条１項では、学校は、いじめの早期発見のために「定期的な調査」を講ずることとされています。定期的なアンケートの実施は、その一環です。

　アンケートの実施方法についても様々な考え方があり、特に、記名式で行うか無記名式で行うか、ということがよく議論されます。

　定期的なアンケートは、いじめの事実関係に関する情報収集や実態把握の趣旨で行われるものですが、特に無記名式の意義としては、誰がいじめられているのか又はいじめているのかということを把握するのではなく、いじめがどの程度起きているのかを定期的に把握し、いじめが起きにくくなるような取組を意図的・計画的に行って、その取組の成果を評価し改善するために行うことにあると言われています[3]。ただし、無記名式ではアンケートで個別的にSOSを出す子どもにアプローチしづらいという難点

2　令和４年度児童生徒の問題行動・不登校等生徒指導上の諸課題に関する調査結果
3　生徒指導、進路指導研究センター「生徒指導リーフLeaf. 4　いじめアンケート（第2版）」2015年、2頁等。

もあります。その他、そもそも記名するか無記名（匿名）とするかを選択できるようにしておく、ということも考えられます[4]。

　記名式と無記名式のいずれであったとしても、学校との信頼関係が築けていなければ、情報は出てきません。むしろ、表面上、何の問題もないように見えてしまうので、惰性で行うアンケート調査は有害にすらなりえます。記名式とするか無記名式とするか以前に、**定期的なアンケートにどのような意義を持たせて行うのか、ということを確認しておく方が重要**です。

　また、アンケートの回収方法についても、担任がその場で回収するという方法がある一方、より秘匿性を高めるために、自宅で記入してもらい、その後適宜の方法で回収するということも考えられます。

　なお、アンケートは発見の端緒にはなりうるものの、これだけ行っていればよいというわけではありません。むしろ、アンケートの他、後述する個人面談等によって詳細な情報を把握することの方が、重要性が高いように思います。

　なお、具体的ないじめ調査（いじめ防止法23条2項、28条1項）でもアンケート調査を行うことがあります。このアンケート調査といじめ防止法16条1項に基づく定期的なアンケートは別物です。具体的ないじめ調査としてのアンケートは、後述2(4)エや第4章3で説明します。

イ　個人面談

　特に記名式のアンケートに気になる記載があった場合は個別に面談をして話を聞くと思いますが、それ以外にも、**定期的に個人面談をして直接状況を確認することも、いじめ把握の重要な端緒**です。

　普段から子どもをよく観察している先生であれば、細かな様子の違いなどから何か発見できる可能性もあると思います。少なくとも、アンケート

4　石坂浩＝鬼澤秀昌編著『【改訂版】実践事例からみるスクールロイヤーの実務』日本法令、2023年、205頁。

の記載よりも実際に子どもと接した方が確実に情報量は多いので、いじめ把握の端緒になりやすいと思われます。

　もっとも、個人面談は、行っただけでは何の記録も残りません。後で振り返って見ると担任の先生の記憶以外に当時の情報が全くない、ということは非常によくあります。そのため、ここでの**個人面談の結果は必ず記録に残してください**。面談用のフォーマットを作っておくことで、作業負担を軽減するという工夫もあります。文字にするには難しい機微などもあると思いますが、できる限り言語化しましょう。個別のいじめ調査との関係でも、このような普段の観察結果は貴重な資料になります。

　どのようなことを記録に残しておけばいいかということは第4章で説明している箇所を参考にしてください。

ウ　家庭と学校との日常的なやり取り

　アンケートや個人面談は、子どもから直接状況を把握する手段ですが、家庭とのやりとりからも、その端緒を確認できることがあります。特に、保護者からの指摘を受けていじめの疑いが発見されることも多くあります。例えば、**連絡帳等、家庭と日常的にやり取りをするものに記載されることが多いと思います**。地方公共団体の教育相談窓口に通報が入り、これが学校に共有されるという例もあります。

　保護者等の第三者からの指摘で注意すべき点は、保護者等は直接体験したわけではないということです。保護者等も子どもから聞いたことを学校に伝えているに過ぎませんので、いわゆる伝聞です。伝聞の場合、保護者が子どもの話をどう聞いたか、どう記憶したか、それをどう表現（叙述）したか、等という点に、それぞれ主観的な要因が入ることになりますので、子どもの認識と異なることは大いにありえます。そのため、**保護者等から情報を得た場合も、子ども本人に話を聞くことが必要**です。

エ　相談窓口

　その他に、別にいじめの訴えを聞く相談窓口を作る、ということも考えられます。ただし、注意しなければならないのは、その相談窓口でよせられた情報の秘密の厳守です。例えば、書面やメールでの相談を受けつける場合は、他の子どもや無関係の人がその相談の中身を確認できないように厳重に管理しなければなりません。

　対面での相談窓口を作るとした場合、養護教諭が対応するのか、それとも他の先生が対応するのかという問題もあります。そこで得た情報をどこまで担任等に共有して良いのか、判断が難しい場面も出てくると思います。

　そう考えると、やはり、いじめ把握システムの中心は、担任等による個人面談になるように思われます。そして、担任に相談しづらい話がある、担任との信頼関係が築けていない等、個人面談を補完する目的で別の相談窓口を作ることは有益ですが、その情報の取り扱いについては、非常に慎重に検討する必要があります。

chapter 2
2 校内における共有、事実関係の確認

ポイント

○対応は、担任等の特定の教職員に抱え込ませず、学校のいじめ対策組織や、心理や福祉の専門家……等々、「学校全体」で行う必要がある。そのため、校内での共有はとても重要である。

○いじめの対応記録は、必ず書面にて残す。記録と共有においては、「５Ｗ１Ｈ」を意識し、具体的な事実関係がわかるように行う。

○事実関係の確認は、保護者の意見等に振り回されず、学校が主導的に行う。

(1) 校内での共有

　いじめがあるのではないかという情報をキャッチした後は、いじめ防止法23条に基づき対応します。なお、生徒指導提要では、複雑化し、対応が難しくなりがちなケースとして、以下が挙げられています[5]。

①周りからは仲がよいと見られるグループ内でのいじめ

②閉鎖的な部活動内でのいじめ

③被害と加害が錯綜しているケース

④教職員等が、被害児童生徒側にも問題があるとみてしまうケース

⑤いじめの起きた学級・ホームルームが学級崩壊的状況にある場合

5　生徒指導提要137頁。

⑥いじめが集団化し孤立状況にある（と被害児童生徒が捉えている場合
　も含む。）ケース

⑦学校として特に配慮が必要な児童生徒が関わるケース

⑧学校と関係する児童生徒の保護者との間に不信感が生まれてしまった
　ケース

　私個人の経験としても、このような場合には、重大事態として調査が必
要になることが多い印象です（もちろん、上記に該当しないにもかかわら
ず深刻化するいじめもあります）。

　そして、いじめ防止法8条でも記載されているように、**いじめへの対応
は、「学校全体で」行うということがとても重要**です。

　「学校全体で」対処するということはよく言われますが、ここには校長
を中心に全教職員が一致協力体制を確立するという意味の他、専門家等と
連携して取り組むという意味もあります[6]。いわゆる「チーム学校」[7]の考
え方にも通じます。このような「学校全体で」行うことの意味を踏まえる
と、大事な視点は、担任に抱え込ませないことと、専門家と連携すること
です。

ア　担任等の特定の教職員に抱え込ませない

　担任が発見することが多い以上、いじめへの対処は、担任が一次的に行
うことが多いと思います。もっとも、いじめ対策組織等でいじめ又はいじ
めになりうる情報を共有することは重要です[8]。

　このときに、担任が**「よくあるいさかいにすぎない」「当事者同士で謝
罪して解決している」等と考えて、共有しないということがないように徹
底しましょう**。端から見ると小さなこと、解決したことと考えていたとし

6　基本方針別添2・9頁以下等。
7　中央教育局審議会「チーム学校としての在り方と今後の改善方策について（答申）」2015年参照。
8　基本方針30頁参照。

41

ても、当事者には、わだかまりが残っている可能性もあります。また、往々にして、そのような小さな発端が、後々大きないじめ事案に繋がっていきます。どんなに小さなことであったとしても、共有する体制を整え、周知しましょう。共有の機会としては、実際には管理職への個別の相談、生徒指導委員会や職員会議が多いと思いますが、学校のいじめ防止基本方針に定められている**いじめ対策組織での検討の機会を設けられるようにすること**が良いと思います。

なお、いじめ対策組織は、普段いじめが問題になっていない学校であればあるほど形骸化していることが多いように思います。組織としては一応存在しており、定期開催することになっているけれども実際に会議は開かれていない、又は別の組織（生徒指導委員会や職員会議等）で対応していて実際に活動していない、ということがよくあります。そのため、**①学校の規模に合わせて構成メンバーを決める、②その中から初動で事実確認等を行うメンバーを選定する**、ということは、具体的ないじめの問題が起きていないときから見直すと良いと思います。特に、他の会議と一緒に開催したことにしてしまったり、事実上管理職が独自に対応したりすることは、情報の共有を阻害しかねませんので、改善しましょう。具体的な役割については、生徒指導提要127頁も記載がありますので、参照してください。

イ　専門家と連携する

必要に応じて、**心理や福祉等の専門家を学校いじめ対策組織に参画させていじめに対応することは、いじめ防止法上も求められています**[9]。何の専門家が協力すべきかということは具体的な場面によりますが、基本方針では、主にスクールカウンセラー、スクールソーシャルワーカー、弁護士、医師、教員、警察官経験者等が想定されています[10]。

9　いじめ防止法22条、23条3項等。
10　基本方針26頁、基本方針別添2・7頁等。

また、その関与の度合いについても様々あるかと思いますが、少なくとも**専門家に学校のいじめ防止対策組織の会議に参加してもらう等して情報共有することは有益でしょう**。特に、スクールカウンセラーは特定の決まった日にしか学校にいないことが多いと思いますので、スケジュールをよく調整することが大切です。学校のいじめ防止基本方針上はスクールカウンセラー等が「いじめ防止対策組織」のメンバーとして定められているにもかかわらず、実際にはいじめ調査には一切関与していない、ということがないように注意しましょう。

　専門家の意見については、特に具体的な支援等を検討する際に重要になることが多いように思います。例えば、後述3(5)のような別室指導の判断に際しては、スクールカウンセラー等の意見を得る重要性が非常に高いと思われます。

　ただし、専門家と共同するときには留意点もあります。まず、**正確な情報共有ができていなければいけません**。5W1Hが誤っているとアドバイスの前提が崩れてしまいますので、アドバイスが適切なものではなくなってしまいます。把握した事実関係を書面化するなどして、正確に情報共有できるようにしましょう。

　また、専門家のアドバイスの扱いにも注意が必要です。専門家に入ってもらうと、保護者に対して「専門家はこう言っていました」、と右から左にそのまま伝えてしまうことがありますが、これはよくありません。**支援や指導について教育的な見地から判断するのは、あくまで学校組織**です。専門家はその組織の構成員の一人であり、学校の判断の補助にすぎません。専門家の意見を踏まえて、支援をどのようにしていくのか、指導としては何が望ましいのか等について、学校が組織的に検討することが必要です。単なる専門家の伝書鳩になってしまうと、学校は何も考えていないのか、というように、保護者からの印象も悪くなってしまいます。

2章 いじめに初期対応する

43

(2) 校内共有の方法

共有するいじめへの対応記録は、必ず書面に起こして記録化してください。極端に聞こえるかもしれませんが、口頭での共有は行っていないのと同じだ、というくらいに考えた方がよいと思います。

記録化が必要である理由は、記録がないと後々の検証が不可能になるからです。特に、公立学校の場合は異動もありますから、当時の事実関係が問題になった時にはもう対応した先生は学校にいない、ということもありえます。そのような場合、何の記録もなければ「学校は何もしていなかった」と捉えられかねません。

記録の仕方については法律に規定されているわけではありませんが、最低限、本章2(3)の事項を記録することが良いと思われます。地方公共団体によっては、記録のフォーマットを公表しているところもあります。

(3) 校内共有の内容

また、共有する内容も**具体的な事実関係がわかるように書いてあるか、確認が必要**です。

「Xからいじめがあるという訴えがあったので、XYの双方を呼んで注意、指導した。」だけでは足りません。Xから訴えがあったという「いじめ」とは具体的に何なのか（日時、場所、行為態様等）、その「いじめ」の事実確認は誰がどのようにして行ったのか（聴取日時、場所、聴取者、根拠資料等）ということがわからなければ、結局ふり返って、当時何をしたのかがわからなくなってしまいます。いわゆる**5W1Hを意識して記載をする**と良いと思います。

また、進んで「いじめ」に対する指導等の対応を行った場合は、具体的に何をしたのか（日時、場所、態様、双方の認識の差等）ということも、別途記録化することがよいでしょう。

また、第4章1(3)で説明するように、きちんと**「事実」と「評価」を峻別して、「事実」が記載されているかどうか、丁寧にチェックしてください**。事実と評価がまぜこぜになっていると、結局、後から何をしたのか検証できなくなってしまいます。

(4)　事実関係の確認

　それでは、いじめがあると思われるときに、事実確認を行うために何をしたらよいか、という流れを説明します。なお、以下で挙げる流れは、詳細に事実確認が必要な場合を想定していますので、学校で既に把握している情報の量によっては、必要のない調査もあります。

　また、いじめ防止法23条2項の調査といじめ防止法28条1項の重大事態の調査では、法律上、内容や方法に明確な差がありません。強いて言えば「質問票の使用」が例示されているくらいですが、これも例示ですので、アンケート調査をしない重大事態調査も十分ありえます。そのため、具体的な調査資料の見方、ヒアリングの仕方、事実認定の方法等については、第4章～第6章を参照してください。

　初動の調査で重要なことは、**学校が主導的に調査し、検討すること**です。学校の判断に先立って（又は学校の判断に反して）**保護者が意見し、学校がそのとおりに動く、という状況は好ましくありません**。学校の対応が後手に回る印象を与えるからです。保護者に、強く学校に言えば自分の意見が通る、という誤った印象も与えかねません。

　また、再三になりますが、以下の事実確認を一人の教員のみで行うことがないようにしてください。主な実働を担任等が行う場合でも、その方針の協議や内容の共有は、必ず学校組織で行うようにしましょう。

ア　訴えのあるいじめの内容の確認

　まずは、訴えのあるいじめというのが何であるのかを、正確に把握する

ことに努めます。そのために、いじめを受けた子ども本人に具体的な話を聞くことから始めます。いじめの疑いが保護者等の第三者から知らされる場合、本人の認識とは異なっている場合も多くあります。そのため、**「本人が認識している事実関係が何であるか」を細かく確認しましょう。**

冒頭の設例で言えば、「クラスメイトのYから、『お前、ウザいよ』と言われて殴られた」と書かれてありましたから、Xの認識する事実関係（いつ、どこで、誰が、何をしたのか等）をより細かく確認します。

その結果、「10月25日の下校時、下駄箱付近でYがXに対して「お前、ウザいよ」と言った」ということがわかりましたが、更に細かく状況を確認することが必要です。例えば、

・「下校時」とは何時何分頃のことなのか
・「下駄箱付近」とは具体的にどこか（図や絵等で明確にしておくとよりよいと思います。）
・「お前、ウザいよ」という発言の口調はどうであったか
・声の大きさはどうであったか
・そのときのYの表情はどうだったか
・「お前、ウザいよ」という発言の前にはどのようなやり取りがあったのか（言われた原因は何か）
・「殴られた」というのは、どちらの手で、どこを殴られたのか
・その強さはどうであったか
・何回殴られたのか
・殴られた後のやり取りはどうであったか

……等です。細かいと思われるかもしれませんが、最低でもこのくらいは確認しておかないと状況はわかりませんし、「いじめ」の事実関係を把握することもできません。また、その後に関係する別の子どもにもヒアリ

ングすることになりますが、どのような点に認識の違いがあるのかを正確に把握するためには、細部を確認しておく必要があります。

なお、一旦、この本人の認識が真であるか偽であるかの判断は後回しです。いじめの事実関係の把握に当たって全ての軸となる**「本人の主張の内容」を確認することが、ここでの目的**です。

イ　周囲の状況、関係資料の確認

訴えの内容が確認できたら、その事実関係に関する資料を確認します。

- ・本人から、周囲に見ていた人はいないか確認する
- ・関係する客観資料（ネットによるいじめの場合は、そのスクリーンショット）等を確保しておく
- ・過去の生徒指導記録に関連する事項がないか確認する

具体的なケースによって様々ですが、いじめを行ったとされる子ども（設例ではY）にヒアリングをする前に、少しでも関連資料の内容を確認しておくとよいと思います。状況把握に役立ちます。

ウ　関係者へのヒアリング

ヒアリング対象となる関係者はいくつか考えられますが、いじめを行ったと訴えのあった子どもにヒアリングすることは、基本的に必須です。

そして、よほど技量に自信がある場合でない限りは、子どもへのヒアリングは、一人一人別々に行うことをおすすめします。

よく、**いじめを受けたと訴える子どもといじめを行ったとされる子ども双方を集めて調停しようとすること**がありますが、事実関係の認識に食い違いがある場合、**話がこじれ、又は形だけ謝罪させるような結果になりかねません**。子ども双方の話をきちんと確認して受け止め、どこかどう認識が食い違っているのか、また、学校としてはどのように支援、指導等を行うべきかを、きちんと確認することが先決です。

冒頭の設例で言えば、昼休みにXがYにわざとボールを当ててきた、下校時に、Yは、Xに背中に乗っかられたり、Yの脚を蹴る真似をしたりするなどしてからかわれたといった事情がYから出ています。これらについても、上記アで確認したように細かい事実関係を確認するようにしましょう。

・「昼休み」とは、具体的には何時何分頃の話か
・ボールを当てたのはどのようなシチュエーションか
・ボールが当たったのは体のどの部位か
・なぜ、わざとあてた、と思ったのか
・その状況を見ていた人は他にいるか
・「下校時」とは、具体的に何時何分頃の話か
・「背中に乗っかる」とは具体的にどのような行為か、具体的にはどこで行なわれたのか
・その強さはどのくらいだったか
・「足を蹴る真似」というのは具体的にどのような動作か（Xは、どちらの脚で、Yのどちらの脚を蹴ろうとしたのか）、具体的にはどこで行なわれたのか

　更に、Xに上記の事実関係を確認する場合も、「否定した」だけではなく、**具体的にどこに食い違いがあるのか**（昼休みにサッカーをしたことから否定しているのか、ボールを当ててしまったことについては認めるがわざとではない、ということなのか等）ということも確認しましょう。

　なお、子どもへのヒアリングを、保護者から拒否されることもあります。この場合には、教員は、懲戒権[11]を適切に行使することによって、少なくとも「いじめ」を行ったとされる子どもには調査する権限があるとする考

11　学校教育法11条本文。

え方もあります[12]。また、保護者には、学校にはいじめ防止法上の調査義務があること、保護者はこれに協力するよう努めることとされていること[13]、いじめ防止法の趣旨や刑事、民事責任を問うものではないことを説明して、協力を依頼すること等が考えられます。

　もっとも、それでも頑として協力しない場合に、何か強制力をもってヒアリングに応じさせるという手段は中々ありません。その場合には、調査報告の中で、「●年●月●日、●の保護者に対して、電話で、●●について、ヒアリングへの協力を依頼した。その際、いじめ防止法上の趣旨、法律上の責任を問うものではないこと、保護者にも学校の調査に協力するよう努めるものとされていることを説明した。しかし、……という理由でヒアリングを拒否された。よって、●にヒアリングをすることができなかった。」等ときちんと記載して共有し、また報告[14]するようにしましょう。詳細は、重大事態の調査の説明の中でも触れます。

エ　アンケート

　当事者へのヒアリングをしても事実関係が明らかにならない場合もあります。そのような場合には、イの関係資料で何かわかることはないか、もっとヒアリングする子どもの対象を広げてみるべきか等を検討することになるかと思います。

　それ以外には、アンケート調査を行うことも、一応考えられます。このような具体的な事案に関するアンケートは、アンケートの結果に基づいて個別に子どもにヒアリングをすることを想定している場合が多いと思いますので、記名式（又は選択式）によることがほとんどだと思います。なお、クラスを対象としたアンケートであっても、担任等一人の判断で行うので

12　神内聡『スクールロイヤー―学校現場の事例で学ぶ教育紛争実務Q&A170』日本加除出版、2018年、224頁。
13　いじめ防止法9条3項。
14　いじめ防止法23条2項。

はなく、学校組織として検討し、判断した上で行う必要があります。特に、アンケート調査を行う場合、「誰々が誰々にいじめられている」ということが周知して二次被害につながる可能性もありますので、本当にアンケート調査を行うべきか、注意を要します。アンケート調査は、一見「調査している感」がありますが、**何のためにアンケートを行うのかがしっかりしていないと、無益な調査になりかねません**。アンケート調査の詳細については、第4章3でも説明します。

（5）　二次被害への対策

　いじめ防止法23条の記載上は明確ではありませんが、事実確認や指導等を進めている最中、いじめを受けたと思われる子どもを保護することにも十分注意しなければなりません。

　例えば、学校が事実関係の確認を始めた後、いじめを行ったとされる子どもが、学校に"チクられた"と逆恨みして、より強い加害を加える可能性があります。実際、形式的な謝罪をさせたことによって不服に感じた子どもがより強い加害を行うようになることはよくあります。そのため、事実関係の調査をしている間、**いじめを受けたと思われる子どもの安全を確保できるように、留意しなければなりません**。当事者の座席を離すことや、担任やその他の先生の目が届くところにいるように校内の配置を整備すること等が考えられるかと思います。なお、これは後に説明する「支援」とは別に行うべきことです。**事実関係がまだわかっていない段階でも、行うことが求められます**。

　ちなみに、民事上の責任としても、安全配慮義務の一内容として、学校が調査を始めたことで被害者にさらに増幅されたいじめが加えられないようにする義務が指摘されることがあります[15]。

15　福島地いわき支判平成2年12月26日判タ746号116頁。

⑹ 調査結果の報告

　調査によって事実の確認ができた場合、調査結果を学校の設置者に報告します。報告の仕方は地方公共団体や学校法人等によって様々です。

　学校の設置者も設置する学校におけるいじめの防止等のために必要な措置を講ずる責務を負っていますので[16]、23条2項に基づく結果の報告は、その「必要な措置」の前提になりえます。

　また、いじめの対応で困った場合には外部の専門家との連携をする場合には、学校の設置者と連携する必要が出てくるかと思います[17]。現実には、調査段階でのアドバイス等を専門家から得るために、学校の設置者には早い段階で情報の共有を行うことが望ましいと思います。

16　いじめ防止法7条。
17　重大事態GL 8頁参照。

chapter 2

3 支援、指導、助言

ポイント

○「いじめが『解消』している要件に当てはまるかどうか」を厳密に考えることよりも、「個別の事案に応じて、観察の継続が必要かどうか」を判断する必要がある。

○いじめを行った児童等へ対する「指導」は、その行為の態様や背景事情を考慮し、組織的に行う。

　事実関係を確認した後は、第1章で説明したとおり、支援等を検討し、実行します。なお、このような支援等は、教育的観点から個別事情に応じて行うべきものですが、法律の専門家に過ぎない弁護士が、教育的観点から示唆することには非常に慎重であるべきと考えています。そのため、**あくまで法的な視点を軸にして説明をします。**

(1) 「いじめ」の「解消」？

　生徒指導提要ではいじめ対応の原則として、**①いじめられている児童生徒の理解と傷ついた心のケア、②被害者のニーズの確認、③いじめ加害者と被害者の関係修復、④いじめの解消**の4つが挙げられています[18]。

　いじめの調査を行う最終的な目的は、正確な事実確認をすることそのものではなく、いじめをやめさせ、及びその再発を防止することですから[19]、

52

「関係修復」や「解消」なるものができれば、それに越したことはありません。そして、いじめが「解消している」という場合、少なくとも以下の２つの要件が満たされている必要があるとされています[20]。

①いじめに係る行為が止んでいること。

②被害児童生徒がいじめの行為により心身の苦痛を感じていないこと。

①はいじめに係る行為が止んでいる状態が相当の期間（少なくとも３か月が目安）継続していることを、**②は**いじめに係る行為が止んでいるかどうかを判断する時点において**被害児童生徒がいじめの行為により心身の苦痛を感じていないと認められること**を、それぞれ指しているとされています。そして、基本方針では、「いじめが解消に至るまで被害児童生徒の支援を継続するため、支援内容、情報共有、教職員の役割分担を含む対処プランを策定し、確実に実行する。」[21]とあります。

ただし、「いじめの解消」という言葉は、いじめ防止法には出てきません。基本方針上でも「少なくとも」上記の２要件なのであって、**上記の２要件が満たされている場合であっても、なお支援を要する場合がある**ことは排除していません。実際、基本方針は、「解消している」状態があくまで一つの段階に過ぎず、再発する可能性を考慮して日常的に注意深く観察する必要があると指摘しています[22]。

実際、「解消している」と考えて支援等を辞めてしまうことの方が問題になりえます。例えば、「過去にいじめがあったが、今は解消しているから同じクラスにしよう」と考えることは、大変リスクがあります。結局、**「解消」の要件を厳密に考えることよりも、個別の事案に応じて、観察の継続が必要かどうかを判断することの方が重要**です。

---

18 生徒指導提要135～136頁。生徒指導提要には明確に書いていませんが、もちろん事実関係の確認が前提です。

19 いじめ防止法23条3項参照。

20 基本方針30頁。

21 基本方針31頁。

22 基本方針31頁。

(2) ケース会議（専門家含む）によるアセスメント等

　また生徒指導提要においては、対応が難しくなりがちなケースについては、スクールカウンセラーやスクールソーシャルワーカー等の専門家を交えたケース会議により以下のように支援等を行うことが示されています[23]。

①アセスメント（いじめの背景にある人間関係、被害児童生徒の心身の傷つきの程度、加害行為の背景、加害児童生徒の抱える課題等）を行う。

②アセスメントに基づいて、被害児童生徒への援助方針及び加害児童生徒への指導方針、周囲の児童生徒への働きかけの方針についてのプランニングを行う。

③ケース会議後、被害児童生徒及び保護者に対して、確認された事実、指導・援助方針等について説明し、同意を得る。

④③の指導・援助プランを実施する。

⑤モニタリング（3か月を目途に、丁寧な見守り、被害児童生徒及び保護者への経過報告と心理的状態の把握等）を行う。

⑥いじめ認知後、教育委員会等への報告を行う。

⑦情報の整理と管理、ケース会議等の記録の作成と保管を行う。

　その他、不登校中の学びの保障等については、教育機会確保法や文部科学省が発出している関連の基本指針・通知等を踏まえて検討することが重要です。差し当たっては、「誰一人取り残されない学びの保障に向けた不登校対策（COCOLOプラン）（令和5年3月31日）」、「不登校・いじめ緊急対策パッケージ（令和5年10月17日）」を挙げておきます。

(3) いじめを行った子ども等に対する指導

　いじめの行為態様や背景事情は様々です。そのため、いじめを行った子

23　生徒指導提要137頁〜138頁。

どもに対する指導も、必要に応じて、上記のようなケース会議を踏まえて計画を立て、組織的に行うことが求められます。**少なくとも、担任等の個人で場当たり的に指導を行うことは避けましょう。**

　また、報復等を避けるために、いじめを受けた子どもが、いじめを行った子どもへの指導を望まないということもあります。このような場合にも、指導の趣旨等を説明して理解を得る、報復が起こらないように指導体制を構築する等の措置を検討すると思いますが、そのためにも、学校組織として情報共有し、学校全体で対応を検討する必要があります。

　さらにいじめを行った子どもへの懲戒[24]が問題になることがあります。懲戒とは、退学、停学、訓告のほか、注意、叱責、居残り、別室指導、起立、宿題、清掃、学校当番の割当て、文書指導等（子どもに肉体的苦痛を与えるものでないものに限る）があるとされます[25]。なお、退学処分については公立小中学校等では行えず[26]、停学処分については国公私立を問わず、小中学校等では行えません[27]。また、公立学校においては懲戒とは別に教育委員会により出席停止措置[28]を検討する場面もありますし、私立学校でも事実上の自宅待機措置を検討することがあります[29]。

　加えて、直接的に加害をした子ども以外への指導を検討する必要がある場合もあります。例えばいじめに関する噂話が広まることによる二次被害や、SNSでの陰口がある場合です。このような場合、もちろん個別の指導も必要ですが、対症療法的に個別に指導するのみならず、全体の指導の検

24　いじめ防止法25条、学校教育法11条。
25　基本方針別添2・8頁、文部科学省「体罰の禁止及び児童生徒理解に基づく指導の徹底について（通知）」平成25年3月13日付24文科初第1269号。
26　学校教育法施行規則26条3項。
27　学校教育法施行規則26条4項。
28　いじめ防止法26条、学校教育法35条。
29　私立学校では懲戒処分としての停学を選択することはできませんが、学校の秩序を維持し、他の生徒の義務教育を受ける権利を保障するため、私立中学校においても、出席停止と同様の措置を講ずることが許されるとした裁判例として、東京地判令和5年4月10日LLI/DB判例秘書登載があります。ただし、停学処分ではなく、出席停止と同様の措置として行う以上、期間中の学習支援等の教育上必要な措置を講じることが求められます。

討や未然防止教育の見直しが必要な場合もあります。

⑷　謝罪の場を設けることについて

　いじめがあった場合、双方を1箇所に集め、大人のいる前で話し合わせる、謝罪を促すといった方法で解決を図ることが非常に多いかと思います。もっとも、この方法による解決が有効な場合とそうでない場合があります。決して万能な方法ではありませんので、慎重に行う必要があります。

　つまり、程度の差はあれ、双方の言い分に食い違いがある場合、その食い違いを無視して、いじめを行ったのだからと強制的に謝罪させることはできません。他方、いじめを受けた子どもが、自分がされた行為の全てについて認めて、謝罪してほしいと考えている場合、「その気があったわけではないけど、傷つけてしまった（誤解させてしまった）のならごめんなさい」等のように、一部否定するような反省・謝罪をされても、中々納得に繋がりません。

　そのため、拙速に双方を引き合わせることは避けるべきでしょう。いじめを受けた子どもは満足のいく謝罪がなかったと、いじめを行った子どもは無理やり謝罪させられたと、それぞれ不満が残る結果となり、関係性はむしろ悪化しかねません。そのような場を設けたこと自体が、重大事態に繋がる可能性すらあります。

　関係修復のために謝罪の機会を設ける場合は、その前段階で相当時間を割いて、段取りや双方の言い分を理解させておく必要があると思います。少なくとも、何について謝罪を行うのか、どのような方法で謝罪をするのか、その表現はどうするのか、その方法や表現はいじめを受けた子どもの心情に配慮できているか等の検討は必要です。そして、このような検討を行うためには、前段階で細かな事実確認が必要になってきます。

(5) 別室指導その他の必要な措置

ア 別室指導を行うこと

いじめ防止法23条4項では、「いじめを受けた児童等その他の児童等が安心して教育を受けられるようにするために必要な措置を講じる」こととされており、その例示の一つに、いわゆる別室指導があります。学校はよく、いじめを受けた児童等の保護者から「いじめを行った子どもを別室指導にしてほしい」という要求を受けることがあります。このような場合、どのように対応すればよいのでしょうか。なお、「別室指導」とは、「いじめを行った児童等についていじめを受けた児童等が使用する教室以外の場所において学習を行わせる」ことを指すものとします[30]。

イ 別室指導を行うための前提

前提として、別室指導は、いじめに対する措置の一つであるため「心理、福祉等に関する専門的な知識を有する者の協力を得つつ」[31]行う必要があります。そのため、**スクールカウンセラー等の専門家の意見も踏まえて、別室指導を行うことを基本とすべき**でしょう。

ウ 別室指導をするか否かの考慮要素

別室指導は、子どもが教室で学習することを制限します。そのため、行った行為の悪質性・回数や反省状況等が考慮要素として大変重要であることはもちろんですが、別室指導においては、いじめを行った子どもの学習にも配慮が必要です。すなわち、まずはいじめを受けた子どもにとって、別室指導とすることで安全な学習を図ることができるか、確認すべきでしょう。また、そもそも本人にとっては別室にしたところで学校に行けない、

---

30 いじめ防止法23条4項。
31 いじめ防止法23条3項。

ということもあります。そのため、**いじめを受けた子どもの意思を、スクールカウンセラー等の専門家と協力しながら確認することが重要**です。

そして、別室指導が終わった後にいじめが再開しては、意味がありません。永遠に別室指導とすることはできませんから、別室指導の期間中、今後いじめが行われないために、いじめを行った子どもに対して、どのような指導を行うか、ということも決めておかなくてはなりません。

次に、いじめを行った子どもの学習の確保をどう図るかです。例えば、保健室に登校させる場合でも、その間に授業内容を学習できたり、学習をバックアップできる体制が確保できるような配慮が必要です。そして、一時的ではあっても教室で授業を受けることを制限するわけですから、少なくとも目安の期間は定めておくべきであると思います。もちろん、予定外の事情によって、延長し、又は短縮する可能性はあります。

さらに、別室指導中、いじめを行った子どもの心理面への影響に対応できるよう、スクールカウンセラー等の人員の配置も必要になると思います。

もちろん、いじめを受けた子どもとその保護者、そしていじめを行った子どもその保護者に対しても、（完全な納得が得られないとしても）以上の検討について説明を行うことは必須です。

また、ある子どもを別室指導にすることは、同じクラスの子ども等にも影響を与えかねません。そのため場合によっては、他のクラスメイトに対しても説明を行って理解を得ることも考えられます。ただし、クラス全体に話すことによって当事者である子どもたちの尊厳を傷つけることがあってはなりません。説明する前提として、その内容や方法について、当事者の子どもたちや保護者には事前に了解を得ることが望ましいでしょう。

エ 別室指導以外に安全性を確保する方法

以上のとおり、別室指導をは慎重に行う必要があると考えると、別室指導以外の手段で安全を確保すべき場合も、少なからずあるように思います。

例えば、同じ教室でもその席の配置を遠ざける、担任以外の人材を配置して不用意な接触を防止する等です。年度が替わる時期であれば同じクラスにしないこともありますが、クラスを跨ぐ授業や活動で接触しないか、ということも、可能な範囲で考慮した方がよいでしょう。校舎の構造上可能な場合は、教室が離れたクラスにそれぞれ配置することで廊下やトイレ等での接触を極力少なくする、ということも考えられます。

(5) いじめの事案に係る情報の共有等

いじめ防止法23条5項では、支援等を行うに当たって、いじめを受けた児童等の保護者といじめを行った児童等の保護者との間で争いが起きることのないように取るべき措置の一例として、いじめの事案に係る情報の共有を挙げています。しかし、保護者にどこまで情報を共有すべきかについては、明らかではありません。そもそも、情報共有をしたら保護者間の争いが起きなくなるのか、という素朴な疑問もあります。

結局は、個別の支援や指導等を行うにあたって保護者に共有しておかなければならない情報は何か、個人情報の保護や情報提供することによる調査や児童等への影響はどうか等を踏まえて個別に判断するほかありません。もっとも、支援の前提に調査の結果得られた事実関係がありますので、当該事実関係については、情報の共有を行うべき場合が多いように思います。

他方、「誰からその情報が得られたのか」等を詳らかにすることは、ヒアリング等で情報を提供してくれた子どもへの報復につながりかねませんので、基本的には提供すべきでないと思います。もちろん、得られた事実関係を説明するだけで誰からの情報であるかわかってしまう場合もあると思います。そのような場合は、そもそもその情報を提供することが必要かどうかについて、慎重な判断が求められます。

なお、重大事態の調査においても、保護者等への必要な情報の提供を定めていますが、こちらは第7章(3)で説明します。

4 関係機関との連携

> **ポイント**
>
> ○いじめが犯罪になりかねない場合には、学校は警察との連携が必要になる。
>
> ○不登校重大事態においては、家庭環境がその原因の一つになっていることがある。そうした時には、福祉の観点も考慮した支援・指導・助言も検討する場合がある。
>
> ○子どもが診療を受けている場合は、支援のために医療機関との連携を検討することもある。（ただし、個人情報の取扱いには注意）

　いじめ問題への対応において、学校や教育委員会（設置者）において指導により十分な効果を上げることが困難な場合には、関係機関との適切な連携をすることが指摘されています[32]。関係機関の想定例は、「警察、児童相談所、医療機関、法務局等の人権擁護機関、都道府県私立学校主管部局等」とされています。

(1) 警察署

　いじめが犯罪になるかどうかという問題は、冒頭で言えば刑事の世界ですが、いじめ防止法23条6項でも、**いじめが犯罪になりかねない場合には、学校は警察との連携が必要**とされています。警察との連携については、文部科学省からの通知と警察庁からの通達が出されています[33]。近年では、

32　基本方針8頁等。

改めて警察の連携の徹底を促す通知も出されています[34]。

　これらの通知や通達を前提とすると、犯罪行為がある事案において、生徒指導の範囲内であるとして警察と連携することをためらうことは、避けるべきであるとは思います。警察と連携すべき場合としては、**例えば、金品の授受があったり、刃物を所持していたり、他の子どもの裸を撮影したりしていた場合**等が考えられるかと思います。もっとも、実際の学校現場では警察と連携すべきか判断が難しい場面もあります。前述の文部科学省通知には、極々簡単ですが、学校で起こりうる事案例と該当しうる犯罪の例が記載されていますので、判断の一考慮要素になるかと思います。

(2) 児童相談所・こども家庭センター

　いじめの原因の一部に、家庭問題や非行問題があることもあります。その場合には、児童相談所と連携して対応することもありえます[35]。また、**不登校重大事態の場合**（第3章以下参照）、**不登校の原因の一つに家庭環境の問題が見られることもあります**。その場合、（当事者の保護者に学校が直接伝えるかどうかはともかく）福祉の観点も考慮した上で、支援又は指導もしくは助言を行っていく場合があります。

33　文部科学省初等中等教育局長「いじめ問題への的確な対応に向けた警察との連携について（通知）」平成31年3月29日付30文科初第1874号、警察庁生活安全局長「学校におけるいじめ問題への的確な対応について（通達）」平成31年3月8日付警察庁丙少発第13号。

34　文部科学省初等中等教育局長「いじめ問題への的確な対応に向けた警察との連携等の徹底について（通知）」令和5年2月7日付4文科初第2121号。

35　文部科学省初等中等教育局児童生徒課長「いじめ防止基本方針を踏まえた関係機関との連携について（通知）」平成26年3月10日付25初児生第53号、厚生労働省雇用均等・児童家庭局総務課長「『いじめ防止対策推進法』の施行及び『いじめ防止基本方針』の策定に伴う児童相談所と学校等の連携等について」（平成26年2月7日付雇児総発0207代第1号参照。

（3）　医療機関

　重大事態の場合は特にそうですが、例えば、いじめを受けた子どもの診察をした医療機関との連携が図られることがあります。症状の状況を踏まえて登校が可能かどうか、学校としてどのような支援を行うべきか、という点で、意見を求めることは有益です。他方、個人の症状に関する情報を取得することになりますので、このように医療機関と連携するにあたっては、本人及び保護者から了承を得るべきです（病歴の情報を取得する場合、私立学校（学校法人）や国立大学附属学校（国立大学法人）においては、本人（及び保護者）の同意が必要になります[36]。）、また、国公私立を問わず、取得した情報が他に漏洩しないよう十分な管理をする必要があることはもちろんです。

（4）　いじめ問題対策連絡協議会（公立学校）

　学校と地域の関係機関等とのいじめの問題の対応に係る連携のために、地方公共団体（都道府県、市町村等）に、いじめ問題対策連絡協議会が置かれていることがあります。地方公共団体の学識経験者、医療関係者、法曹関係者、学校関係者、保護者代表者、地域代表者、関係機関の職員等で構成される、いじめ防止法14条１項に基づき、任意で設置される組織です。関係機関との連携が図れるように、日頃から顔の見える関係を作っておく趣旨で、いじめ問題対策連絡協議会を活用することが望まれています[37]。また、学校運営協議会（コミュニティスクール）も同様の機能を期待されていますが、個別具体的ないじめ事案を協議することは、個人情報やプライバシーを侵害する可能性がありますので、注意を要します。

36　個人情報保護法20条２項。
37　生徒指導提要139頁。

コラム

いじめに関する保護者対応

　いじめが発生した場合に悩ましいのは、保護者への対応です。いじめを行った子どもの保護者への説明や対応に悩むことはもちろん、近年特に疑問視されているのは、いじめを受けた子どもの保護者への対応です。初期対応で関係性がこじれてしまったために、その後の学校と保護者との間のコミュニケーションがうまくいかなくなってしまうという事例は、今や全く珍しくありません。初期対応でうまくいかない原因は様々あり、特によく思いつくのは、体罰や不適切指導があった場合です。しかし、このような明らかに学校側の対応に問題があるわけではないにも関わらず、関係性がこじれてしまうケースも、かなり存在します。そのようなケースでは、何をどうしたらよいのでしょうか。

1　前提（情報の違い）

　前提として、学校と保護者とでは、見ている景色が違います。教職員は、学校内の子どもたちの生活状況等から情報を得ます。しかし、保護者は、基本的には家庭内での子どもからの話から情報を得ます。このように情報源がそもそも異なります。更に、保護者には、子どもからの話を客観的に検証する術がありません。そのような中で、学校でいじめられているという話が子どもから出てしまったら、不安になるのはごく自然です。このような少ない情報、不安に思う心情を抱えて学校に申入れをしますが、その申入れのとおりに対応することが、学校として不可能又は不適切である場合もあります。しかし、保護者としては、子どもの話を前提とすれば合理的な方法であると信じているので、申入れを全く拒否されると、それはそれで「学校は何も対応してくれない」という気持ちに傾きやすくなります。

2 利害・動機を探る

　一般論としてですが、まずは、保護者が何を要求しているのか、学校と保護者の間の共通理解（及び違い）は何か、ということを整理する必要があります。保護者の認識している事実関係が誤っているかどうかという判定はしません。そのうえで、相手の要求そのもの（担任を変えて欲しい、相手の子どもを退学にしてほしい等）ではなく、要求の背後にある利害や動機を確認します。利害や動機を把握せず、要求に応えることに終始してしまうと、対案が出せず、「その要求には答えられません」とだけの回答しかできないということにもなり、より保護者との関係性が悪化する可能性もありますので、大変重要な点です。

3 利害・動機に基づく話合いをする

　そして、その利害や動機に基づいて、学校と保護者との間で未来志向の話ができるか（今後の子どもへの支援、指導等）を確認します。そのような話ができるようであれば、課題は何か、また解決するための選択肢は何があるか、ということを探っていきます。

　もちろん、保護者が過去の責任追及にこだわったり、無理難題な要求（土下座の強要等）に終始したりする等、建設的な話合いができない場合はあります。場合によっては警察に連絡を入れざるをえないこともあります。当たり前ですが、決して全てが話合いで解決できるわけではないということも、押さえておいてほしいと思います。

4 話合いの技術について

　なお、上記で説明したような概念を知っているだけで保護者対応が上手くいくわけではありません。いわゆる傾聴や説明・説得の仕方といった方法論も大変重要です（聴き方や伝え方に問題があるために、保護者の信用

を失うケースも多数あります。）。そして、これらは技術ですから、練習が必要です。そのため、体験型の研修で学ぶ、実際に使ってみて経験を積むといったことが何よりも重要です。書籍としては、フィッシャー&ユーリー/金山宣夫、浅井和子訳『ハーバード流交渉術』三笠書房、1990年（原題"GETTING TO YES"）をおすすめします。

5　裁判以外の解決方法について

　また、上記の方法論は、調停技法と呼ばれる技法を参考としています[38]。調停とは、第三者が調停人として当事者の間に入って紛争を解決するための話合いを支援する手続であり、訴訟手続とは全く別の解決方法です。例えば、全国各地の弁護士会（一部を除く。）では、弁護士等が調停人（あっせん人）として話合いの支援をします。このような手続をADR（裁判外紛争解決手続）といいます。当事者同士で話合いをすることが難しい場合には、ADRを利用することも有効ではないかと思います[39]。

38　例えば、入江秀晃「調停技法誌上講義」JCAジャーナル60巻4号-62巻3号、2013-2015年参照。

39　筆者が所属している第二東京弁護士会では、「仲裁センター」（https://niben.jp/chusai/）という機関を設置して、ADR事業を行っています（筆者も、運営に多少関与しています。）。特に、学校問題に関して生じたトラブルに関しては、「子ども・学校ADR」という学校問題に関する経験が豊富な弁護士等がADRを担当する制度を設けています。

第 **3** 章

重大事態調査を開始する

重大事態の調査の開始

> **ポイント**
>
> ○重大事態調査は、基本的に「いじめの重大事態の調査に関するガイドライン」を参照しつつ行う。
>
> ○上記のガイドラインでは、児童生徒を当該いじめとの関係性から「対象児童生徒」「関係児童生徒」「いじめを行った児童生徒」「他の関係児童生徒」と定義する。

本章から、重大事態の調査の説明に入ります。本章以降も説明の便宜のために簡単な事例を用いますが、ストーリーは前章の続きと考えてください。

> **事例**
>
> Bの指導後しばらくして、Xは学校を断続的に休むようになった。欠席の理由は「体調不良のため」等であった。
> そのような中、Xの保護者から学校に電話があった。内容は、以下のとおりであった。
> 「Yにいじめられたため、Xは学校に行きたくないと言っている。」
> 「医者にも見てもらったところ、適応障害であるとの診断がなされた。」
> 「医者からも、学校生活が原因ではないかといわれている。」

「昨日はリストカットをしているところも発見した。」

「学校内で起こったことなので、学校でもなんとか対応して欲しい。」

「YにはXに直接謝罪してもらいたい。」

　担任であるBは、この件を校長に相談したが、校長は、学校としていじめがあったかどうかを確認できていないため、本当にいじめがあったのか、まず確認をするべきだと判断し、担任に、関係児童への確認を指示した。

　確認後、市の教育委員会に連絡したところ、重大事態に該当すると思われると指導を受け、校長は、重大事態の発生報告を行った (p.72)。なお、発生報告後、Xに対する学習支援措置については、未だ校内で協議が行われていない。

　このような対応には、どんな改善点があるか。

　学校の設置者または学校が重大事態に該当すると認める場合、いじめ防止法28条1項に基づき、「重大事態に係る事実関係を明確にするための調査」を行うことになります[1]。その際にまず確認しなければならないのは、文部科学省が出している重大事態GLです。**実務上は、特別な理由がない限り、まずは、重大事態GLを参照しながら対応することになります。**重大事態GLは、**令和6年8月に改訂され、大幅にページ数が増えました。**更に、ガイドラインに関するチェックリストも公表されています。重大事態調査は、少なくともこの重大事態GLの内容を知った上で対応することが必要ですので、本書でも適宜触れながら解説します。

　なお、不登校事案の場合には、別に指針（不登校指針）がありましたが、令和6年の重大事態GLの改訂によって一元化されたことにより、廃止されました[2]。

1　「重大事態」該当性については、第1章2(3)アのとおりです。

2　文部科学省初等中等教育局長ほか「いじめの重大事態の調査に関するガイドラインの改訂について（通知）」令和6年8月30日付6文科初第1137号。

文部科学省から令和5年7月7日に出されている「いじめ防止対策推進法等に基づくいじめ重大事態調査の基本的な対応チェックリスト」[3]によると、重大事態の調査は大きく以下の4つのフェーズに分かれます[4]（次ページ）。

①重大事態発生から調査開始
②調査の実施
③調査結果の説明・報告
④結果の公表検討

本書では、学校主体であり、かつ学校いじめ対策組織の構成員を中心とする調査組織による調査[5]を前提として、①を第3章で、②を第4章〜第6章で、③を第7章で、④を第8章で、それぞれ解説します。

また、本章以降、重大事態GLと同様、児童等のことを以下のとおり定義します[6]。

対象児童生徒	"いじめにより重大な被害が生じた"疑い又は"いじめにより不登校を余儀なくされている"疑いがある児童生徒
関係児童生徒	いじめを行った疑いのある児童生徒その他当該重大事態に何らかの関わりのある児童生徒
いじめを行った児童生徒	関係児童生徒のうち、調査の結果、いじめを行ったことが明らかになった児童生徒
他の関係児童生徒	関係児童生徒のうち、いじめを行った児童生徒以外の児童生徒

なお、実務上は、いじめを行った疑いのある児童生徒（対象児童生徒・

保護者からいじめを行ったと訴えのあった児童生徒）を「関係児童生徒」と定義することがあります。しかし、重大事態GLの「関係児童生徒」の定義では、**いじめを行った疑いのある児童生徒に限らず、「当該重大事態に何らかの関わりのある」児童生徒を含みます**ので、上記の実務上の定義よりも広い定義です[7]。本書では、誤解を避けるために、上記の実務上の「関係児童生徒」を指す場合は、「いじめを行った疑いのある児童生徒」等と、別の言葉を使用します。

3　公立、私立・公立大学附属・株立版がそれぞれあります。
4　重大事態GL 4頁も参照。
5　重大事態GL21頁では、「学校いじめ対策組織方式」とされています。
6　重大事態GL2頁。
7　例えば、いじめの現場を少し目撃した可能性のある児童生徒すらも含む可能性があります。

重大事態発生後の初動

> **ポイント**
>
> ○いじめ防止法上、重大事態が発生した際にまず求められるのは、学校ごとに決められた報告先への「発生報告」である。
>
> ○調査の範囲を明確にするために、発生報告の段階でいじめの態様を詳細に確認する必要がある。
>
> ○発生報告は対象児童生徒、保護者の意思とは関係なく行わなければならないが、対象児童生徒が望んでいない場合は、調査方法を工夫する必要がある。

(1) 発生報告

　学校が重大事態を把握する端緒としては第2章のいじめの端緒に関する記載を、「重大事態」に該当するかどうかについては第1章を、それぞれ参照してください。

　重大事態が発生した際に、まずいじめ防止法上要求されていることは、発生報告を行うことです。報告先が国公私立で異なること、公立学校、私立学校であっても国への報告も求められていること、発生報告は7日以内に行うことが望ましいとされていることは、第1章2(3)イのとおりです。

　記載内容については、国への報告様式があるほか、各地方公共団体でも様式があるかと思いますので、これに沿って記載をすることとなります。なお、重大事態GLでは、①学校名、②対象児童生徒の氏名・学年等、③

報告の時点における対象児童生徒の状況（いじめや重大な被害の内容、訴えの内容等）が、報告内容の例として挙げられています[8]。

発生報告時の留意点として、**この段階で、対象児童生徒・保護者から、どのような態様のいじめがあったのかを確認しておきましょう**。いつ、どこで、誰から、どのような態様の行為があったのか、ということが初めに明確になっていないと、調査の範囲が不明確になり、何をどこまで調査したらよいのかがわからなくなってしまいます。

(2) 重大事態を把握した後の対応

また、学校主体の調査とするか設置者主体の調査とするかを決定する以前において、**学校内で関連する資料を可能な限りまとめておく**ことも重要です。詳細な資料の精査やとりまとめについては調査の中で行いますが（第4章）、データ等が散逸することのないように、早めにまとめておきましょう[9]。

また、調査と並行して、対象児童生徒（場合によっては関係児童生徒も）へのケアを必要とします。対象児童生徒への学習支援や、二次被害への対策（第2章）についても学校内の調査組織等において協議を進めることが重要です。

(3) 対象児童生徒・保護者が調査を望んでいない場合の対応

「重大事態」に該当するかどうか、ということに、対象児童生徒・保護者が調査を望んでいるどうかということは関係ありません。そのため、**重大事態の発生報告については、対象児童生徒・保護者の意思とは関係なく行うこと**となります。このようなケースであっても、設置者及び学校の対応の検証や再発防止策の策定に関する検討をしておく必要がなくなるとい

---

8 重大事態GL 17頁。
9 重大事態GL 18頁参照。

うわけではありません。

　他方、対象児童生徒が調査を望んでいないにもかかわらず、ヒアリング等の調査を進めても、対象児童生徒のためになりません。そのため、**調査を望んでいない場合は、重大事態として認定をしたうえで、調査方法を工夫する**こととなります。具体的には、関係児童生徒へのヒアリングを行わず（ヒアリングについては第5章参照）、対象児童生徒からの話や学校の資料からわかる最低限の事実関係についてのみ調査をし、その範囲で学校の対応や再発防止策を検討する（調査結果報告については第6章参照）、というように調査を簡易化して迅速に終了することが考えられます[10]。

　この場合に重要であるのは、対象児童生徒がなぜ調査を望んでいないか、ということを明確にしておくことです。事実関係を把握するための一定の調査をしなかったことに対する理由として、調査結果報告書にも記載することが必要となります。また、通常と異なる対応をする以上は、学校として設置者とも協議をしたうえで対応を確認するべきでしょう。

(4)　対象児童生徒・保護者に「寄り添う」？

　改訂前の重大事態GLには、「被害児童生徒・保護者に寄り添」うことを強調する記載がありましたが[11]、この一文は現在の重大事態GLからはなくなっています[12]。そもそも、この**「寄り添う」という言葉は教育の世界における表現でしかなく、法的な用語ではありません。定義も一切ありません。**そのため、元々、重大事態GLに「寄り添う」と書かれているからといって、何か具体的な法的な義務が発生するわけではありません。それにもかかわらず、実際にはこの「寄り添う」という言葉を根拠として、対象

10　重大事態GL 10-11頁。
11　改訂前の重大事態GL 3頁（自殺事案における遺族に対する接し方）、7頁（説明時の注意点）、10頁（被害児童生徒・保護者のケア）等。
12　なお文部科学省「いじめの重大事態の調査に関するガイドライン改訂の概要」には「円滑かつ適切な調査の実施及びいじめ対象児童生徒や保護者等に寄り添った対応を促す。」と記載されています。

児童生徒の保護者等が、対象児童生徒側に有利な事実認定を求めたり、対象児童生徒の保護者等が望む特定の人を調査組織に加えたりすることを要求する場合がありました[13]。なお、学校の設置者や学校に、そのような要求に対応する義務は、重大事態GLの改訂前後を問わず、ありません。

　調査方法について対象児童生徒に過度の負担をかけて教育を阻害することにならないように、といった配慮をすることは当然考えられますが、**重大事態調査そのものは中立的に行わなければならず、事実認定や法的評価がどちらかに偏ることはあってはなりません。**

---

13 「寄り添う」という言葉が拡大解釈されるという問題意識は、重大事態GLの改訂の議論の中でも指摘されています。いじめ防止対策協議会（令和5年度）第5回議事要旨（委員発言）参照。

chapter 3

3 重大事態の調査主体・調査組織

ポイント

○いじめ調査の主体は、学校主体と学校設置者主体があり、どちらにするべきかは学校設置者が判断する。

○学校主体の調査に弁護士や心理士等の専門家が入る場合も、調査難易度や事案の性質を考慮し、組織全体で精査していく必要がある。

○専門家等の学校外部の者を調査組織に加える場合には、一般的に、当該いじめ事案の関係者と直接の人間関係又は特別の利害関係を有しない、「第三者」であることも求められる。

(1) 調査組織の種類

次に決めなくてはならないのは、調査の主体です。学校主体と設置者主体、**どちらにするべきかについては、学校の設置者が判断する**こととされています[14]。大きく分けると、**①学校が主体となる調査組織**と**②学校の設置者が主体となる調査組織**の2種類があります[15]。

ア 学校主体の調査組織

学校主体の調査の場合の調査委員の構成は、各学校のいじめ防止基本方針に選定方法が記載されていることが一般的です。学校のいじめ防止対策

---

14 重大事態GL 20頁。
15 重大事態GL 21頁。

組織を中心としてメンバーを構成することが多いと思います。この場合、学校内の職員だけで構成する場合もあれば、弁護士や心理士等の専門家かつ第三者を構成員に加えることもあります。なお、学校主体であっても第三者のみで調査委員会を構成するということも、一応ありえますが、第三者委員会方式とする場合は、設置者主体とすることが多いです。本書で「学校主体の調査」とする場合、主に学校のいじめ対策組織を中心として構成される調査組織の調査を想定しています。

イ　設置者主体の調査組織

　他方、設置者主体の調査の場合は、教育委員会や学校法人等が案件を預かりますので、当該学校の教員は調査組織から外れます（ヒアリングの対象にはなります）。この場合、教育委員会や学校法人等の職員が構成員となる調査組織を設置することも考えられますが、第三者によって構成される調査組織によって調査を行うことが多いように思います。公立学校の場合、メンバーの選出方法は条例によって異なりますが、いじめ防止法14条3項に基づき教育委員会の附属機関として設置されている組織からメンバーを選出することが多くみられます。弁護士会等の団体から推薦をしてもらい、メンバーを選出することもあります。もちろん個別のケースごとに団体の推薦なくメンバーを選出することもあります。

　専門家の職種も人数も、事案ごとに異なります。ただ、ほとんどの事案で詳細な事実認定を必要としますので、弁護士が1～2名入ることが多いです。また、心理士もよく入ります。その他には、医師、教員経験者、学者が、よくメンバーとして選出されます。

　なお、第三者委員会方式の場合、調査を行う第三者委員会の補助をする事務局を設置することが一般的です。当事者との窓口、資料の取りまとめ、ヒアリングや面談の日程調整、各種必要資料の提出等の事務作業を行います。事務局機能を第三者が担うケースもありますが、一般的には設置者が

担います。公立学校の場合は、教育委員会の担当部署にて担うことが通常です。

ウ　学校主体と設置者主体のどちらにするべきか

　いじめ防止法上の明確な基準はありませんが、一般論としては、**関係当事者の学校に対する信用が著しく低く、学校主体の調査ではその公平性・中立性に疑問が出てしまいそうな場合には、設置者主体の第三者委員会で調査を行うことが適している**と思われます。また、自殺事案のように調査の負担が非常に重い事案も、基本的には、学校から切り離して、第三者委員会によって調査を行うことが適切と思われます。

　他方、第三者委員会を設置する場合、職能団体からの推薦等のために設置までに時間がかかります。仮に、既に設置されている教育委員会の附属機関[16]から選出することで迅速に調査組織を設置できるとしても、学校からの資料の収集、状況の把握、調査メンバーの日程調整等で、調査自体にも時間がかかります。そうすると、進級、卒業までにあまり時間がない等、時間的な制約がある場合は、学校主体の調査で迅速に調査を進めることが適していると思われます。

　また、現実的な話として、第三者委員会の委員に支払う費用の問題もあります。公立学校の場合は地方公共団体の予算が取れないという問題がありますし、私立学校の場合は学校法人が、委員に支払う費用を負担しなければいけないので、大変な負担になります（それでも、委員に十分な報酬が支払われていない、という問題が全国各地にあります[17]）。その意味でも、第三者委員会を設置することは決して容易ではありません。

　なお、重大事態GLでは、不登校重大事態の場合、「詳細な事実関係の確認や再発防止策の検討だけでなく、**対象児童生徒の学校復帰や学びの継続**

16　いじめ防止法14条3項。
17　いじめ防止対策協議会（令和5年度）第3回議事要旨（委員発言）も参照。

に向けた支援につなげることを調査の目的として位置付けており、学校内の様子や教職員・児童生徒の状況は対象児童生徒が在籍する学校が最も把握していることを踏まえて、原則として学校主体の調査を行うこととする。」（太字、下線は筆者）としています[18]。もっとも、重大事態に至るまでの事実確認の進行状況によって、適している調査主体や具体的なメンバー構成は変わります。

なお、調査への信頼性を高めるために、重大事態については、学校や教育委員会による事実確認に加えて、全て第三者委員会による調査を行う方針としている地方公共団体もあります[19]。

（2） 専門家（第三者）を入れるべきか否か

学校主体で進める場合であっても、教職員は、必ずしもいじめ調査に専門性を有しているわけではありません。そうすると、あまり調査に慣れていない教職員のみの調査では、その調査が不十分になってしまうこともあります。

その場合、学校主体の調査としつつも、その構成員に専門家の第三者を入れることが考えられます[20]。この場合の専門家は、弁護士や心理士が入ることが多いです。

もっとも、**専門家が入ると言っても、その関与の度合いは様々**です。ヒアリングや調査報告書の作成まで一手に引き受けるようなものから、実際のヒアリングなどはメンバーの教職員が行い、専門家はそのアドバイスをするに留まるものもあります。関与の度合いは当事者との信頼関係や調査

---

18 重大事態GL 20頁。
19 橋本洋祐「大阪市におけるいじめ調査第三者委員会について」法の支配206号、2022年、53頁参照。ただし、大阪市は事案に応じて初動調査と詳細調査の2段階に分けているようです。
20 重大事態GLでは、「対象児童生徒や保護者が、第三者が調査に関わることを望んでいない場合等特段の事情がある場合を除いては、第三者を加えた調査組織となることが望ましい」とまで言っていますが（重大事態GL 22頁）、第三者の専門家を確保すること自体が難しい場合も多く、構成員に第三者の専門家が入らない重大事態調査も数多く存在します。

の難易度等、事案の性質によって様々ですが、いずれにしても、**専門家に完全におんぶにだっこでは、学校主体であることの意味も損なわれてしまいます**。調査組織全体で、調査内容や調査結果の精査を行うことが重要です。

(3) 専門家性・第三者性

　また、専門家等、学校外部の者を調査組織に入れる場合には、その者について公平性・中立性が担保されていることを要します。**「専門家」**とは、**法律、医療、教育、心理、福祉等の専門的知識及び経験を有するもの**（註：原文ママ）であり、具体的には、弁護士や医師、学識経験者、心理・福祉の専門家等が想定されています[21]。また、**「第三者」**とは、「当該いじめの事案の関係者と**直接の人間関係又は特別の利害関係を有しない者**」とされています[22]。「当該いじめ事案の関係者」とは、「重大事態が発生した学校関係者や関係する児童生徒・保護者」を指しているとされます[23]。そのため、もちろん対象児童生徒・保護者と利害関係がないことも含みます。専門家と第三者は別々の概念ですが、調査の構成員となるのは、専門家かつ第三者が一般的です。

　なお、「直接の人間関係又は特別の利害関係を有しない者」に関して、弁護士でいえば、関係者と親族関係にないこと、以前に関係者から法律相談を受けたことがないこと、同じ事務所の弁護士が関係者の代理人になっていないこと等が挙げられます。ある県内で発生した重大事態に関して、対象児童生徒の保護者が、県外の弁護士を調査委員のメンバーとして求めるケースもありますが、同じ地域内に事務所を構えているからといって、必ずしも特別の利害関係を有するわけではありません[24]。

21　重大事態GL 23頁。
22　基本方針34頁、重大事態GL 23頁。
23　重大事態GL 23頁。
24　いじめ防止対策協議会（令和5年度）第3回議事要旨（委員発言）参照。

重大事態GLは、職能団体（弁護士であれば、弁護士会等）、大学、学会に対して、直接の人間関係又は特別の利害関係がない公平・中立的な専門家の推薦を依頼し、任命することが考えられるとされています[25]。実際に、推薦を受けることで公平性・中立性を担保することは多くあります。ただ、利害関係がないことが確認できるのであれば、必ずしも推薦がなければいけないわけではありません。推薦自体にも非常に時間がかかりますので、例えば時間的な制限が厳しい事案では（特に公立学校以外）、一本釣りで人選することもありえます。

　なお、弁護士に限って言えば、利害関係に関する規律は非常に厳しく[26]、そもそも受任段階でコンフリクトチェックが義務付けられていますので、重大事態GL以前の問題として、利害関係がないことを確認しています[27]。

25　重大事態GL 23頁。
26　弁護士職務基本規程27条、28条参照。
27　第三者調査委員会に関するものですが、日本弁護士連合会「地方公共団体における第三者調査委員会調査等指針について」2021年3月19日、2頁も参照。

chapter3

4 重大事態調査の説明・調査方針の検討

ポイント

○対象児童生徒やその保護者に、調査を開始する前にするべき事前説明は、「重大事態に当たると判断した後速やかに説明・確認する事項」と、「調査方針の説明」の２段階ある。

○説明事項は、前者は６項目、後者は７項目ある。それぞれの説明事項を確認し、漏れのないように報告する。

○前者・後者どちらにおいても、後のトラブルを防ぐため、録音等で説明の記録を取る必要がある。

　重大事態調査に特殊なこととして、調査を開始する前にいくつかの事項を説明する必要があることが挙げられます。特に、令和６年８月の重大事態GLの改訂でより細かくなった部分です。何をどこまで調査するべきか、という問題にも影響しますので、軽視することなく、丁寧に行いましょう。

事例

　Xの保護者はA小学校に不信感がないわけではないが、６年生の２学期ももうすぐ終わるというタイミングであること、Xの保護者から早期に調査を終えてほしいという希望があることから、学校主体で重大事態の調査を行うこととなった。

　メンバーは、A小学校いじめ基本方針に基づき、校長、教頭、生徒指導主任、学年主任、養護教諭、スクールカウンセラーに、外部の弁

護士が1人加わることとなった。

　その後、市教育委員会立会いの下、学校から、重大事態調査に関する説明 (p.84) を行った。その際、X保護者伝いにXが苦痛に感じた出来事を確認したところ、以下のとおりであった。

・10月25日の下校時、下駄箱付近でクラスメイトのYから、『お前、ウザいよ』と言われて殴られたこと
・8月にも、学校外の公園で多人数でサッカーをしていた際に、Yから悪口を言われたことがある。
・そのほかにも、2学期以降、コソコソと他の男児と一緒にXの悪口を言っていたという情報も聞いている。

　その後、調査組織の第1回会議が開かれ、どのように調査を進めるかが話し合われた。会議では、現状、学校が認識している情報の共有を行い、とりあえず、XやYの他関係する児童に話を聞いてみて、それから対応を考えることとなった。なお、この会議の議事録は作成されなかった (p.89)。

　また、この調査方針をXの保護者やYの保護者に具体的にどう説明するかについては、話し合われなかった (p.99)。

　その後校長と教頭は、Xの保護者やYの保護者に調査方針の説明を行ったが、説明内容は録音されず、記録も取られなかった (p.97)。

　調査方針の説明を行った際、Xの保護者からは、他の児童にヒアリングをする際、自分も立ち会いたい旨の発言があり、これが難しい場合であっても、少なくともヒアリングした内容を、都度開示してほしい旨の発言があった。これに対して、校長は、Xの保護者との信頼関係を重

視して、「立会いを認めることは難しいが、保護者には知る権利があるから、ヒアリング内容は全て開示する。」と答えた (p.104)。

このような対応には、どんな改善点があるか。

(1) 事前説明の種類

重大事態GLでは、調査を実施する前に、対象児童生徒・保護者に対して調査に関する事前説明を行うこととされています[28]。**事前説明は2段階あるもの**と指摘されており、**重大事態に当たると判断した後速やかに説明・確認する事項**と、**調査方針の説明**があります。改訂前の重大事態GLでは、後者のみ[29]が記載されていましたが、改定後の重大事態GLでは、この調査方針の説明の前段階として、前者が明記されています。

(2) 重大事態に当たると判断した後速やかに説明・確認する事項

重大事態に当たると判断した後、速やかに説明する事項として、以下が挙げられています[30]。

①重大事態の別・根拠
②調査の目的
③調査組織の構成に関する意向の確認
④調査事項の確認
⑤調査方法や調査対象者についての確認
⑥窓口となる担当者や連絡先の説明・紹介

これらは、調査組織が立ち上がる前に説明・確認することになるため、

28　重大事態GL 26頁以下。
29　「⑦調査終了後の対応」を除く。
30　重大事態GL 26-27頁。

学校や学校の設置者が説明・確認することが多くなると思われます。この説明の方法については特に限定がなく、対面が難しい場合は電話等によることも考えられます。ただし、後になって説明を受けたかどうか、ということが問題になる可能性がありますので、必ず記録を取ってください。可能であれば、録音が望ましいです。最低限、説明した内容をまとめて、後の調査組織に資料として提供できる状態にしておきましょう。また、場合によっては、独立行政法人日本スポーツ振興センターによる災害共済給付の対象になることもあります。そのため、学校の設置者や学校にて、この災害共済給付の申請について保護者に説明を行うことや、申請の手続を進めることが求められる場合もあります[31]。

ア　重大事態の別・根拠

　重大事態いじめ防止法28条**1号に該当するのか、2号に該当するのか、それとも両方に該当するのか、ということの説明**です。その他、調査の法的根拠についても説明します。また、重大事態として認めた時期や、地方公共団体の長等への発生報告を行っていることについても説明をすることとなります。公立学校の場合、一般的な重大事態の根拠や流れに関して、説明のための資料をあらかじめ作成している教育委員会もあります。

イ　調査の目的

　重大事態の調査目的についてもあらかじめ説明することとなります。後の調査方針の説明でも同様の説明をすることとなりますので、詳細は本章4(3)イを参照してください。

ウ　調査組織の構成に関する意向の確認

　公平性・中立性が確保されるよう人選等を行う必要があることを説明し

31　重大事態GL 26頁。

た上で、**調査組織の構成員の職種や職能団体について要望があるかどうか確認することが明記されました**。

　仮に職能団体などからの推薦を経て第三者を選出する場合、重大事態GLでは、対象児童生徒・保護者の意向を伝えることができること、一般的に職能団体等からの推薦を経て調査委員会の委員に就任する者については第三者性が確保されると考えられること、職能団体等における推薦の手続きには時間を要することについて説明することとされています。

　まず注意すべき点として、第三者の専門家を構成員に加える場合（又は第三者委員会を設置する場合）、**特定の誰かを調査組織に入れて欲しいという要望には応じてはならない**ということです。調査の公平性・中立性を確保するため、仮に推薦を依頼する場合も、依頼先の職能団体の希望を聞くに留まります。また、対象児童生徒・保護者の意見を必ず反映させなければならないわけでもありません。そもそも職能団体によっては推薦に応じないこととしている団体もあります。なお、第三者の選定方法については、地方公共団体によっては条例や規則等に定めがある場合もあります。

　また、重大事態GLのこの記載は、第三者の専門家を構成員に加えることを前提としていますが、第三者を加えない対応がありうることは、本章3⑶のとおりです。また、職能団体からの推薦を前提としていますが、推薦以外の方法による第三者の専門家の選出方法がありうることも、本章3⑶のとおりです。

エ　調査事項の確認

　発生報告をする前の段階において、既に事実関係を確認していると思いますが、この段階でも、再度調査事項となるいじめに関する事実関係を確認します。この段階が、調査方針を決める前の最後の事実関係の確認になります。**これ以降に対象児童生徒・保護者から、予定していないいじめの事実関係を指摘されると、調査を改めてやり直さなければならない可能性**

も出てきます。そのため、かなり注意深く確認しておく必要があります。

なお重大事態GLでは、「児童生徒を取り巻く環境を可能な限り網羅的に把握することは重大事態への対処、再発防止策の検討において必要であることから、個人的な背景及び家庭での状況も調査することが望ましく、調査組織の判断の下で、これらの事項も調査対象とする場合があることについて説明し、理解を求める。」と記載があります。誤解のないようにですが、重大事態の調査は、あくまでいじめに関する調査です。調査の過程で個人的な背景や家庭の状況を把握することはあっても、個人的な背景や家庭の状況そのものが調査事項となるわけではありません。また、仮にそのような事情がわかったとしても、調査報告書にはあえて記載しないこともあります（第6章3(3)ア参照）。

オ　調査方法や調査対象者についての確認

対象児童生徒・保護者から調査方法に関する要望について、確認をします。ヒアリング対象者についても、この時点での要望を確認することになります。ただし、誰にヒアリングを行うかということは、調査組織が判断することです。そのため、調査組織の判断で、要望があった者以外にもヒアリング等を行う可能性があります。このことについても説明するように、重大事態GLでは記載されています。

なお、重大事態GLでは、「事実関係を可能な限り明らかにするためには多くの情報を集める必要があるものの、対象児童生徒・保護者が関係児童生徒等への聴き取り等をやめてほしいと訴えている場合には、関係児童生徒への聴き取り等を行わないなど調査方法、範囲を調整し、対象児童生徒・保護者が納得できる方法で行うことができる旨を説明し、調査方法や対象について要望を聴き取る。」とあります。もちろん対象児童生徒に無理をさせて、状況をより悪化させるようなことは決して望ましくなく、対象児童生徒の意思を確認した上で調査方法を決定する必要はありますが、

実際には、調査組織が合理的に決定した調査方法に、対象児童生徒の保護者が納得しない場合もあります。また、対象児童生徒の保護者の意見をそのまま反映すると、調査の中立性に影響が出る場合もあります。そのため、「対象児童生徒・保護者が納得できる方法」というのは、**最終的に調査方法を決定するのは調査組織であること、あくまで合理的な範囲での調査方法の調整であることが前提**です。

　また、学校の対応の検証や再発防止策の検討は、調査によって得られた資料に基づく事実関係が前提となります。そのため、関係児童生徒等へのヒアリングを行わない等、調査方法に制限がある場合、事実認定自体が不十分又は不可能になることはもちろん、学校の対応の検証や再発防止策の検討に影響が出ることもあります。そのような可能性について、必ずしも対象児童生徒の保護者が認識しているとは限らないため、あらかじめ説明をしておく必要があります。

カ　窓口となる担当者や連絡先の説明・紹介

　対象児童生徒・保護者との窓口についても、説明をします。設置者主体の場合は学校の設置者の担当窓口の連絡先を、学校主体の場合は学校の担当窓口の連絡先を紹介します。学校主体の場合、対象児童生徒・保護者において、担任に対する信頼がない場合も多いため、管理職や学年主任等を窓口とすることが考えられます。

(3)　調査方針の内容

　調査組織を構成して調査を行う体制が整った後、本格的に調査を開始する前に、調査方針の説明を行います。説明が必要な事項は、以下の7つです[32]。

32　重大事態GL 27～29頁。

① 調査の根拠、目的

② 調査組織の構成

③ 調査時期・期間

④ 調査事項・調査対象

⑤ 調査方法

⑥ 調査結果の提供

⑦ 調査終了後の対応

　そのため、重大事態調査を開始するにあたっては、上記7つの事項を決めることになります。なお、内部の会議についても議事録を作成しておくべきであることは、言うまでもありません。

ア　調査の根拠、目的

　重大事態調査は、あくまで、当該重大事態「に対処し、及び当該重大事態と同種の事態の発生の防止に資するため」[33]に行うものです。第1章でも説明したとおり、**民事裁判のように損害賠償請求を認めさせるためのものではありません。**また、**刑事裁判のように、特定の犯罪に該当するかどうかを検討するためのものでもありません。いじめを行った子どもを懲らしめるものでもありません。**

　この点を保護者に納得してもらうことは、時として非常に骨が折れますが、一度だけではなく、事あるごとに何度も何度も強調して説明するほかありません。調査前の説明で求められていることではありますが、後に説明するように、事実認定の方法にすら影響しますので、調査を進めていく過程や調査結果をまとめる段階でも繰り返し確認をしていく必要があります。

　なお、保護者の中には、後にいじめを行った疑いのある児童生徒・保護

33　いじめ防止法28条1項柱書。

者、学校（地方公共団体や学校法人等）に対して民事訴訟を提起する材料にすることを目的として、調査を求める人もいます。表立ってそのようには言わないとしても、心の中では訴訟利用を考えている場合もあります。実際、調査報告書を訴訟の証拠とさせないようにすることは、ほぼ不可能です。そのため、**調査の目的は上記のとおりであるけれども、意図せず訴訟で利用されてしまう可能性がある**ことは、頭に入れておく必要があります。

　また、重大事態GLでは、保護者への説明の際には、関係者の任意の協力を前提とした調査であり、**事実関係が全て明らかにならない場合や重大な被害といじめとの関係性について確実なことが言えない場合も想定されることに触れる**こととされています。第4章以下で具体的に説明するとおり、重大事態の調査に強制力はなく、ヒアリングも任意の協力の元で行われます。このように、調査能力に限界があることからも、調査の結果事実関係が明らかにならないことも想定されます（重大事態GLでも、「事実関係を可能な限り明らかにし」となっています[34]）。

イ　調査主体（組織の構成、人選）

　主体の種類や構成の決め方は本章3のとおりです。調査方針の説明の際には、関係当事者及びその保護者に対して、その主体とした理由や人選について理由を説明することになります。

　この人選については、例えば、学校外から招集した専門家について、公平性・中立性が担保されていること（学校関係者やいじめの当事者との利害関係がないこと等）も説明が必要になりますので、**あらかじめどのように説明をするか、確認しておく**必要があります。職能団体からの推薦によって選出された場合は、そのことについても触れて説明を行うことが良いと思います。なお、重大事態GLでは、必要に応じて職能団体から推薦理

34　重大事態GL 26頁。

由を提出してもらうことも考えられる等としていますが[35]、そもそもそのようなリクエストに職能団体が必ず応じてくれるということではありません。

ウ　調査時期・期間（スケジュール、定期報告）

　調査開始時期や調査結果が出るまでの期間について、目途を決めることになります。国に対して報告する「いじめ重大事態調査の開始に関する報告」においても、「調査終了目途」の記載が求められています。

　調査期間は、事実関係の確認の難易度、調査方法、調査対象者の協力の程度等に応じて変わります。いじめと主張する事実関係が何であるのかはっきりわからない場合やヒアリングに応じてもらうための説得に時間を要することが想定される場合等、どれだけの調査期間を要するのか目途が立たないような場合もあります。そのような場合には、一定の努力目標を設定しておくという対応にならざるをえません。いずれにせよ、事情の変更によって調査期間が変わりうることは、当事者に説明を要します。

　また、調査の進捗状況については、定期的かつ適時のタイミングで経過報告を行うこととされており、これをあらかじめ対象児童生徒・保護者に対して説明する必要があります。そのため、経過報告のタイミングや窓口もあらかじめ決めておきましょう。

　なお、関係児童生徒の卒業が間近である等、調査スケジュールがタイトな場合もあります。そのような場合は、スケジュール表を作成して共有すると役立ちます。筆者自身は、タスクが多く、調査期間も短い場合には、次ページのように簡単な香盤表を作成して整理することがあります（例ですので、実際のスケジュールとは異なります）。

35　重大事態GL 28頁。

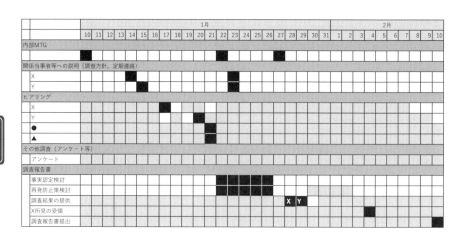

エ　調査事項・調査対象

（ア）調査事項

重大事態調査における調査事項は、**いじめの事実関係、学校の設置者及び学校の対応等**です。事情に応じて具体的な内容に違いはありますが、学校主体の調査の場合、いじめの事実関係と学校の対応の検証が、主な調査事項になることが多いかと思います。

第1章で説明したとおり、いじめ防止法28条1項の「事実関係を明確にする」とは、重大事態に至る要因となったいじめ行為が、いつ（いつ頃から）、誰から行われ、どのような態様であったか、いじめを生んだ背景事情や児童生徒の人間関係にどのような問題があったか、学校・教職員がどのように対応したかなどの事実関係を、可能な限り網羅的に明確にすることであるとされています[36]。重大事態の発生報告時にどのような行為があったのかを確認できれば、その行為の詳細や前後の事実関係等が、調査事項の軸になります。この段階で、何の行為を調査するのか、しっかり決めましょう。なお、いじめに関する調査ですので、**基本的に、児童生徒の個人的な背景や家庭での状況は、主たる調査事項[37]にはなりません。**他方、

36　基本方針35頁。

調査の過程でそのような状況が判明する場合や、調査の都合上、背景事情に立ち入らざるをえない場面もあります。そのようなことが調査前から想定されている場合には、説明し、協力を求めることが考えられます。

　なお、調査開始後に、対象児童生徒・保護者から、「ほかにもこんないじめがあったので、これについても調査をしてほしい」と申し出を受けることがあります。その事実関係についても調査対象とするかどうかは、その都度判断することになります。もっとも、重大事態の定義上、「疑い」があれば重大事態に該当します。そのためか、**「いじめの結果ではない」あるいは「重大事態とはいえない」と学校が考えたとしても、重大事態が発生したものとして調査等に当たること**とされています[38]。また、重大事態GLに沿う限り、保護者等からいじめによって不登校になった等という訴えがあった場合に「疑い」がなかったとして重大事態調査を行わない対応がほぼ不可能であることは第1章のとおりです。そうすると、現行のいじめ防止法の解釈を前提とすると、調査開始後の申し出事項であっても、**調査事項に含めなくともよい場面は、かなり限定されている**と考えざるをえないように思います。しかし、その申し出が調査の終了に近い段階で行われた場合は、調査結果がいつまで経ってもまとまらず、調査が終わらないということにもなりかねません。また、調査事項に漏れがある場合には、地方公共団体の長等による再調査[39]を実施しなければならなくなる可能性もあります。つまり、調査開始前に調査事項たるいじめの事実関係を対象児童生徒から確認することは、非常に重要です。なお、事前にしっかり確認したとしても、調査開始後に新たな申し出がなされることはありえます。その場合、元々の調査対象である事実関係との関連性が低いとき（いじめを行った疑いのある児童生徒が異なる、行為の時期に大きな隔たりがある

37　重大事態GL 28頁では「調査対象」とされていますが、重大事態GLの言葉遣いからすれば、「調査事項」が正しいものと思われます。

38　基本方針32頁。

39　いじめ防止法29条2項、同30条2項、同31条2項。

等）には、別個の重大事態として扱うことも考えられます。

　また、**学校主体の調査**であっても学校の対応については調査事項になります。ただし、**自分で自分の行いを振り返る形に近いため、第三者が調査委員に加わる場合は、その第三者の分析が重要**になります。学校の対応に関してよく問題となる事項は、例えば以下のような事項です。

①平時の対応
　・いじめの早期発見のための対策が取られていたか
　・日頃の子どもの観察状況は適切であったか
　・アンケートは機能していたか
　・子どもの様子を記録にとっていたか
　・日頃の情報の共有は適切になされていたか
②いじめがあると思われた後の対応
　・情報の共有は適切であったか
　・組織的な対応がなされていたか
　・事実確認の方法は適切であったか
　・対象児童生徒への支援や関係児童生徒等への指導等は適切であったか

　調査事項を決定する段階で学校対応の調査事項を具体的に絞ることは難しいですが、このような点に注目して調査を行うと、より具体的な振り返りに繋がると思います。詳細な分析については、第6章3⑸を参照してください。

（イ）調査対象

　重大事態GLの「調査対象」という言葉がわかりにくいですが、ヒアリング等の対象となる児童生徒や教職員等の範囲のことを指すとされています[40]。後に説明するように、重大事態の調査の中心はヒアリングであるこ

とが多いです。そのため、**ヒアリング対象の関係者が誰であるかを、この段階で検討する**ことになります。

　ただし、調査の進行によってヒアリング対象者が増えることはよくあります。例えば、AさんをヒアリングしたらBさんの名前が挙がったので、当初予定になかったBさんにもヒアリングする必要が出てきた、というような場合です。そのため、この段階では暫定的な調査対象者を確認する、ということになります。

　ほとんどの事案でヒアリング対象者となるのは、**対象児童生徒本人、いじめを行った疑いのある児童生徒**（もしわかっていれば）、**いじめの行為を目撃している可能性のある児童生徒**等です。場合によっては、それぞれの保護者のヒアリングが必要となることもあります。また、第三者委員会による調査の場合、学校の関係教職員、教育委員会や学校法人等の関係職員、スクールカウンセラー等もヒアリングの対象となることが多くあります。他方、学校主体で第三者委員会によらない調査の場合、担任等の**関係教職員が調査組織のメンバーとなっている場合**もあります。そのような場合は、ヒアリングというよりも、**構成員として情報を記録化することで調査資料（時系列表等）を作成する**ことが必要です。また、第三者が組織のメンバーに入っている場合は、必要に応じて当該第三者が関係教職員をヒアリングすることも考えられます。

　なお、実際には、調査方針の説明の際に、**対象児童生徒・保護者に対して、誰にヒアリングをすることで有益な情報が得られるかを確認すること**⁴⁰**もあります**。直接の目撃者や関係する子ども・教職員等の把握に役立ちますので、そのような情報を参考に、調査対象を検討することとなります。ただし、決して、対象児童生徒・保護者が希望した人を全員ヒアリングしなければならないわけではありません。調査のイニシアチブは調査組織にありますので、調査対象の決定は、あくまで調査組織が行います。もっと

40　重大事態GL 28頁。

も、対象児童生徒が根拠を持って何か知っているのではと考える以上は、何かしらの情報を持っている可能性がなくはないので、調査との関連性が明らかに低く、かつヒアリングの労力が過度な負担になるような場合を除けば、ほぼ対象児童生徒・保護者の希望に沿った人物のヒアリングを試みているのが実情かと思います。

オ　調査方法（アンケート調査の様式、聴き取りの方法、手順）

　重大事態の調査の中心はヒアリングであることが多いかと思います。他には、アンケート調査（質問紙調査）や関連資料の確認等があります。

　ヒアリングについては、その方法や手順をどうするかを決定します。ヒアリング事項の内容やその手順等の詳細は、第5章で解説します。

　また、調査方針を説明する際に、**対象児童生徒・保護者から調査方法について要望があった場合は、要望に対して検討を行った結果についての説明も行うこと**とされています。要望の確認とどう反映するかについての検討はするものの、反映するかどうかは調査組織において決定します。

　なお、このような調査方法の説明等を超えて、対象児童生徒・保護者と協議を行って、調査方法を細部まで確定するよう調整しなければならないという考えもあるようです[41]。しかし、そのような協議をする必要があるとする根拠条文も見当たりませんし、そもそも、調査内容について当事者と協議を行って決めるということ自体、その協議内容によっては調査の中立性に影響しかねません。また、実際問題として、重大事態の調査を行っていない段階で調査方法を細部まで決めることは、場合によっては不可能を強いることになります。学校と緊張関係にある対象児童生徒・保護者と議論すること自体が難しい場合もあります。そのため、**対象児童生徒等と協議して調査方法を細部まで決めるということは、そもそもできませんし、**

41　永田憲史『逐条解説「いじめの重大事態の調査に関するガイドライン」』2023年、関西大学出版部、212頁。

またいじめ防止法上も求められていないと考えるべきでしょう。

　また、アンケート調査を行う場合には、その様式等を検討します。アンケート調査の内容や手順等の詳細は、第4章で解説します。

カ　調査結果の提供

　いじめ防止法28条2項で「いじめを受けた児童等及びその保護者」に対して「必要な情報を適切に提供する」ことが求められていますので、**調査結果の提供をどのように行うかについても、あらかじめ検討が必要**です。提供する調査結果の内容について、基本的には、調査報告書に記載する事項（調査の結果判明した**いじめ事実の有無、その認定根拠、学校の対応に関する事項、再発防止策等**）の提供を行うことになります。そのため、実務上は、調査報告書案を作成し、これを提示しながらその調査結果を説明することがほとんどかと思います。

　他方、提供する調査結果に関する個人情報やプライバシーには十分留意する必要があります。調査方針を説明する際にも、個人情報保護法等に従って行うことは、説明を要します。特に、ヒアリングやアンケート調査を行った場合、**調査途中であっても、その内容の開示を求められる**ことがありますが、その情報の提供については**非常に慎重であるべき**です。対象児童生徒やその保護者への情報提供に関する留意点については、第7章1(3)で説明します。更に、公表方針があればこれを説明することとされています。公表については、第8章1を参照してください。

　また、**調査に関する記録**については、学校の設置者や学校において、**一定期間保存することになりますので、保存期間も説明を要します**。保存期間については、基本的には地方公共団体等の文書管理規則等によることになりますが、重大事態GLでは、アンケートの質問票や対象児童生徒・関係児童生徒等からの回答、アンケートや聴取の結果をまとめた文書等は指導要録の保存期間を踏まえて、5年間保存することが望ましく、調査報告

書も同様とされています（第4章2(4)参照。）[42]。

　また、いじめ防止法28条2項には明記されていませんが、重大事態GLでは、いじめを行ったとされる児童生徒に対しても、調査結果の説明を行うこととされています[43]。そのため、いじめを行った疑いのある児童生徒・保護者に対して調査結果の提供や説明を行うことについても、あらかじめ対象児童生徒・保護者に説明することとなります。詳細な説明の仕方については第7章で説明します。

キ　調査終了後の対応

　重大事態GLの改訂に伴い、調査終了後の対応に関しては、以下の説明を要することが明記されました。

・調査結果は地方公共団体の長等に報告を行うこと[44]

・重大事態調査を実施しても、事実関係が全て明らかにならない可能性があること

・万が一、事前に確認した調査事項について調査がされておらず、地方公共団体の長等が、十分な調査が尽くされていないと判断した場合には、再調査に移行すること

・調査報告書について意見等があれば地方公共団体の長等に対する所見書を提出することができること

　調査組織内部においても、あらかじめ、調査終了後の流れがどのようになるのかについては確認しておきましょう。なお、対象児童生徒・保護者

42　重大事態GL 18頁。

43　重大事態GL 40頁。なお、重大事態GL 28頁では、「関係児童生徒・保護者」に対して調査結果の提供・説明を行うことが必要であるとされており、整合していません。結論としては、第7章で説明するとおり、調査方針を説明した児童生徒・保護者（いじめを行った疑いのある児童生徒・保護者）に対しては、調査の結果を説明するべきであると考えられます。

44　いじめ防止法29〜32条。

の「所見」については、第7章1(5)でも説明します。

（4）　調査方針の説明

　調査方針を決めたら、対象児童生徒・その保護者に対して調査方針を説明します。調査方針の説明は、調査組織が行うことが多いかと思います。

　説明の仕方には、（説明事項を用意したうえで）口頭で説明することや説明書を手渡したうえで説明すること等が考えられます。

　なお、調査方針の説明を口頭で行う場合、**可能な限り録音するなどして記録化しましょう。**後に、調査方針の説明内容の不備が問題になった場合、言った言わないの水掛け論になることを防ぐためです。録音が難しい場合でも、最低限、議事録はまとめて、記録に残しておくべきです。

　章冒頭の事案を前提とした調査方針の説明書の一例を載せますので、実際の説明の際に、参考にしてもらえればと思います。

（例）調査方針説明書

●年●月●日

重大事態の調査の方針について

●●市立A小学校

校長　●●　●●

　本書面はいじめの重大事態について調査を実施するにあたり、現時点での調査の方針と流れをご説明するものです。なお、この調査の方針は、今後の状況や調査の進捗等に応じて、適宜、補充・修正することがあります。

1　調査の根拠・目的

いじめの重大事態の調査は、事実関係を可能な限り明らかにし、その結果から当該事態への対処や、同種の事態の発生防止を図るものであり（いじめ防止対策推進法28条１項等）、民事・刑事・行政上の責任追及やその他の争訟等への対応を目的とするものではありません。本学校は、調査目的を達成するために、調査に積極的な姿勢で臨みます。他方、重大事態調査は、関係者の任意の協力を前提とした調査であり、事実関係が全て明らかにならない場合や重大な被害といじめとの関係性について確実なことが判明しない場合も想定されます。

２　調査主体

　本件は本学校が主体となる調査であり、本学校いじめ基本方針に基づき設置した本学校調査委員会が、調査を行います。

　具体的な構成員（●年●月●日現在）は、以下のとおりです。なお、人事異動等により構成員は変わる可能性があります。

校長	●●
教頭	●●
生徒指導主任	●●
６学年主任	●●
養護教諭	●●
スクールカウンセラー	●●
弁護士	●●（外部）

　なお、弁護士●●は、本学校や本件の関係者と特別な人間関係及び利害関係を有していません。

３　調査時期・期間

(1)　スケジュール

　現時点では、調査期間を●年●月から●月末日までとし、調査の報

告書を●月末日までに作成することを予定しています。もっとも、状況に応じて調査終了時期が前後する可能性があります。

(2) 進捗状況等の共有

　調査の進捗状況や対応状況等の経過については、調査の進行具合等を考慮の上、調査委員会内で協議した後、必要に応じて学校から共有する予定です。連絡の頻度や連絡方法等は相談の上個別に決定します。

4　調査事項・調査対象

(1) 調査事項

・●年10月25日、Xが、Yから『お前、ウザいよ』と言われて殴られたという事実。

・●年8月、学校外の公園で多人数でサッカーをしていた際に、Yから悪口を言われたという事実。

・●年度2学期以降、男児らがXの悪口を言っていたという事実。

・上記に関連する本学校の対応等。

(2) 調査対象

　本件に関係する児童、保護者及び教職員を対象としてヒアリングを行う予定です。また、本学校の調査に関する要望等をお受けした場合には、当調査委員会で検討の上、その内容も踏まえて調査の内容を検討します。

　なお、心身への影響を及ぼすおそれがある調査対象者へのヒアリング（保護者を通じたヒアリングも含む）は、主治医の指示ないし指導・助言のもとに行うこととします。

5　調査方法

　調査は、本学校にある資料を収集し、分析するほか、本件に関係する児童及び教職員へのヒアリングを行う予定です。その他、必要な調

査は、調査委員会で検討の上決定します。ヒアリングの方法及び手順については、対象者の心理的な負荷ができるだけ除去されるように配慮します。

　[なお、アンケート調査は、X及びXの保護者の意向、周囲の児童への影響その他事情を考慮して、行わないこととします。/本件では、事実関係をより広範に確認するために、6年●組の児童を対象とした、記名式のアンケート調査を行う予定です。その様式は、ご要望を踏まえて、検討する予定です。]

6　調査結果の提供

　調査結果を取りまとめた後、その内容をX・Xの保護者に説明します。

　児童・保護者に対する個別の情報提供については、個人情報保護法等に従い、当該調査に係る重大事態の事実関係等その他の必要な情報を適切に提供します。その際、個人情報の保護に関する法律等に基づき、一部マスキング（黒塗り）することがあります。

　また、X・Xの保護者のほか、関係児童及びその保護者に対しても調査結果の説明を行うことがあります（公表ガイドラインがあれば、その内容も説明。）。

　調査に係る資料（アンケートの質問票や対象児童生徒・関係児童生徒等 からの回答、アンケートやヒアリングの結果をまとめた文書、調査報告書等）は、本学校にて調査終了後●年間保存します。

7　調査終了後の対応

　調査結果は市教育委員会を通じて市長に報告し、また都道府県教育委員会を通じて、文部科学省にも報告します。調査報告書を市長へ提出する際に、希望があれば、X・Xの保護者の所見を記載した文書を

添えることができます。

　また、上記1のとおり、重大事態調査を実施しても、事実関係が全て明らかにならない可能性があります。万が一、事前に確認した調査事項について調査がされておらず、十分な調査が尽くされていない等、市長において本件への対処又は再発防止のために必要があると認めたときは、再調査に移行する場合があります。

　なお、上記の事項については、X・Xの保護者のほか、他の関係児童・その保護者に対しても説明を行います。

以上

(5)　関係児童生徒・保護者への調査方針の説明

　以上は、対象児童生徒・保護者への説明ですが、**関係児童生徒・保護者にも、調査方針を説明する必要があります**[45]。説明する内容は対象児童生徒・保護者への説明とほとんど変わらず、調査に関する意見を確認することも同じです。なお、関係児童生徒の定義が「いじめを行った疑いのある児童生徒」よりも広いことは、前述のとおりです。しかし、単にいじめの現場を目撃した児童生徒やその保護者にまで調査方針を詳細に説明する必要はなく、**実際に調査方針を説明する児童生徒・保護者の範囲は、基本的にはいじめを行った疑いのある児童生徒**になります。

　また、調査の初期段階では、いじめを行った疑いのある児童生徒が誰であるのか、はっきりしない場合も多くあります。そのような場合、いじめを行った疑いのある児童生徒に調査方針を初めに説明することは事実上不可能ですので、**調査を進める中で、いじめを行った疑いがあると判断した時点で調査方針を説明する**ことになります。

45　重大事態GL 30頁。

(6) よくある保護者からの質問

　これまで触れてきた論点の他に、調査方針説明の際に、保護者等からよく聞かれる質問と回答案をまとめました。

Q：「いじめ」の調査とありますが、いじめがあると認めたから重大事態調査になったのではないですか？

A：いじめ防止法28条1項では、いじめの「疑い」が生じた段階で重大事態の調査を開始することが定められています。この「疑い」があると認めたため、本件を重大事態と認定し、調査を行うこととなっています。詳細な事実関係については、これからの調査で確認していきます。

Q：他の子どもへのヒアリングそのものの内容を共有してください。

A：ヒアリングの反訳や聴取りメモそのものを、調査中に開示することはできません。ヒアリング内容を開示することを前提としたヒアリングでは話しづらい事実関係を離してもらうことが難しくなりかねない等、調査への影響が考えられるからです。また、一方の当事者にのみヒアリング内容を開示することは、調査の中立性・公平性に影響しかねません（第4章、第5章参照）。

Q：他の子どもへのヒアリングの場に、対象児童生徒の保護者を立ち合わせてください。

A：調査の中立性・公平性を保つために、関係当事者にヒアリングの立ち合いを認めることはできません。また、ヒアリングの中には、個人のプライバシーやヒアリングに応じてくれた子どもの秘密なども含まれる可能性がありますので、その観点からも立会いを認めることはできません（第5章参照）。

Q：調査をすれば、事実関係がはっきりするのでしょうか？

A：調査は、任意の協力の下で行います。また、客観証拠が存在せず、関係者の記憶に頼らざるをえないこともあります。このように、調査能

力に限界があるため、必ず事実関係がはっきりするということは保証できません（第6章参照）。

Q：調査によって事実関係がはっきりしなければ、「いじめがなかった」ということになるのでしょうか？

A：調査の結果、いじめの事実を裏づける資料が全く得られなかったとしても、「いじめの事実はなかった」という結論になるとは限りません。誰も見ていない場所で行われた行為や、あくまで証拠がないだけで、「いじめの事実を認めるに足りる証拠が得られなかった」にすぎず、いじめの事実関係が全くないとは言いきれない場合も多くあります（第6章参照）。

コラム

重大事態GLはどのくらい守ればよいのか[46]

　日本の現行「法令」は、「憲法」（日本国憲法）を頂点とします。それに次いで、国会で定められる「法律」（例：教育基本法、学校教育法、いじめ防止対策推進法、民法）があります。「法律」の下には、行政機関が定める「命令」があります。「命令」には、内閣が定める「政令」（例：学校教育法施行令）と、各府省大臣が定める「府令・省令」（例：学校教育法施行規則）等があります。その他、地方公共団体が定める「条例」もあります。国際的なもので言えば、「条約」もあります。

　それでは、基本方針や重大事態GLはどうでしょうか。基本方針や重大事態GLは、「法律」でもなければ「命令」でもありません。命令等（行政手続法2条8号）を定める場合、原則としてパブリックコメント（意見公募）の手続き[47]を取らなければなりませんが、基本方針も重大事態GLも、「任意の意見募集」がされたのみで、行政手続法に基づくパブリックコメ

46　手に取りやすいものとして、法制執務・法令用語研究会『条文の読み方　第2版』有斐閣、2021年、6頁を参照。

47　行政手続法39条1項。

ントの手続きがされていません[48]。確かに、基本方針はいじめ防止法11条
１項に基づき定められたものですが、その内容や上記の手続の点からして
「命令」ではありません。また、重大事態GLに関しては、直接これを定め
る条文すらありません[49]。その意味では、基本方針も重大事態GLも、法律
上の拘束力はありません。他方、行政機関がいじめ防止法の解釈として通
知したものですから、"事実上"一定の拘束力があります。やはり、基本方
針や重大事態GLを無視するわけにはいきません。

　したがって、基本方針や重大事態GLは金科玉条のごとく守りましょう、
と言うことができれば簡単なのですが、現実には、重大事態GLに従った
対応が不可能な場合もあります（このようなことを言うと顰蹙を買うかも
しれませんが、現実問題としてあるのだから仕方ありません。）。対象児童
生徒・保護者が調査に非協力的である場合や、いじめを行った疑いのある
児童生徒・保護者と一切の連絡が取れない場合等です。更に、無理に重大
事態GLのとおりに調査をしようとすると、いじめ防止法の趣旨に反しか
ねない場面もあります。

　結論としては、いじめへの対応の出発点は、基本方針や重大事態GLと
し、極力、その解釈の範囲内で対応します。しかし、そのような対応が不
可能又は不適切である場合には、重大事態GLに法的拘束力がないことを
前提に重大事態GLとは異なる対応を検討する、ということになるかと思
います。もっとも、安易に重大事態GLと異なる対応を取ることは、重大
事態調査への疑義や民法上の安全配慮義務違反の問題につながることも考
えられます。少なくとも、弁護士等の専門家と相談の上、例外対応を検討
するということが必要になるでしょう。

48　令和６年パブコメ結果で回答が示されたのは、866件の意見に対して、たった39件でした。
49　平成29年に基本方針の改訂とともに重大事態GLが制定された際のパブリックコメントで
　は、根拠法令としていじめ防止法11条１項及び33条が根拠として挙げられていましたが、
　令和６年の改訂の際はいじめ防止法28条１項が挙げられており、いじめ防止法11条と33
　条は挙げられていません。令和６年パブコメ結果でも、法的根拠を「位置付け」と言い換
　えており、明言はされていません（令和６年パブコメ結果38番）。

第 **4** 章

重大事態調査を実施する①
（資料の検討等）

調査の基本的な考え方

ポイント

○ ヒアリングの回答は、その人の記憶に基づいて行われるため、誤った情報が出てくることもある。そのため、いきなりヒアリングを行うのではなく、手元にある資料を確認し、資料に基づく事実を確認・整理する必要がある。

○ 調査においては、「悪口を言った」等の主観的な「評価」と「事実」を分けて考え、「評価」ではなく「事実」を確認する。

前章までで、調査を行う下準備が終了しました。本章からは、具体的な調査の内容に入っていきます。

事例

　Xの保護者とYの保護者には調査方針を説明し、調査をいよいよ開始することとなった。調査組織内で、調査によってどんな事実を確認する必要があるか、ということについては話し合われることなく、いきなりヒアリングを行うこととなった (p.109)。

　また調査資料は、担任のみが持っているメモ、電話対応をした校長のみが持っているメモなどもあったが、これらは特にまとめられることなく口頭で調査組織に内容が共有されているのみであった (p.112)。

　このような対応には、どんな改善点があるか。

(1) ヒアリング前に行うこと

　調査の中心はヒアリングになることが多いですが、いきなりヒアリングをするのではなく、**まずは手元にある資料を確認しましょう**。

　他の調査資料で既に確認できていることをヒアリングすることは無駄ですし、逆に聞かなければならない事実関係を聞き逃してしまうことはよくありません。また、ヒアリングをすること自体、対象者に精神的な負荷がかかりますので、必要なことを簡潔に確認する必要があります。そのため、まずは**調査資料からわかること・わからないことは何か、ヒアリングが必要な事実は何か、ということを確認する**という作業が必要になります[1]。

(2) 確認する事実関係

　それでは、確認すべき事実とは何でしょうか。これは、端的に言えば、**調査方針の段階で決めた「調査事項」に関する事実**です。第3章のとおり、学校主体の調査の場合、いじめの事実関係と学校の対応の検証が主な調査事項になりえます。まずは、それぞれについてどのような事実関係の確認が必要かを整理します。個別の事案における調査事項によって、確認する事項は変わりますが、以下に代表的な例を挙げておきます。

ア　いじめの事実関係等

　・出席状況（欠席日数やその理由等。日数は発生報告の段階で既に認識しJているとKいます。）

　・対象児童生徒の状況（症状の有無、怪我の状況等）

　・いじめであると対象児童生徒から訴えのあった行為の詳細（行為ごとに、いつ、どこで、誰が、どのような態様で行われたか）

　・上記訴えのあった行為の前後の事実関係（いじめ行為に至った経緯、

1　重大事態GL 31-32頁の調査全体の流れも参照。

109

いじめ行為後の状況等)

・対象児童生徒と関係児童生徒との人間関係（これは「事実」というよりは「評価」に近いものになります。）

・その他関連する事情（対象児童生徒や関係児童生徒の特性、保護者との関係性等）

イ　学校の対応状況等

・いじめと訴えのあった行為を認識したきっかけ・時期

・上記行為を認識した後、どのように指導ないしは対応したか

・上記行為や対応に関する情報共有の有無、方法

・訴えのあった行為があるまで、対象児童生徒や関係児童生徒に対して行っていた指導経緯

・いじめ行為があった後から現在に至るまでの対象児童生徒・保護者への対応状況

・いじめ行為があった後から現在に至るまでの関係する子どもとその保護者への対応状況

・関係機関との連携状況（教育委員会/学校法人/国立大学法人、警察、病院等）

・その他関連する事情（マスコミ等外部への対応等）

(3)　「事実」と「評価」の区別

ア　「事実」と「評価」の違い

　事実確認の調査を進めていく前提として、**「ある事実が存在したか」**ということと、**「その存在する事実がどのような意味を持つか」ということは、分けて考える**必要があります。

　例えば、「悪口を言われた」というのは一見事実を指摘しているように思えます。しかし、**「悪口」というのは、特定の発言を主観的に評価した**

言い方ですので、**厳密には事実とはいえません**。「悪口」ではなく、「『死ね』と発言した」等という発言の内容を確認することが、事実の確認にあたります。「暴力を受けた」も同様です。特定の身体的な行動を「暴力」と評価しているのであり、「手で殴った」なのか「脚で蹴った」なのか、それとも何か物を使用したのか、等を確認する必要があります。

「無視された」も評価であると考えられます。「無視された」というのは、そのような疎外感を感じさせる行為があったことに基づく当人の感覚です。原因となる行為を確認することが事実の確認に当たります。

イ 「事実」と「評価」を分ける意味

調査において確認すべきは、「ある事実が存在したか」ということです。そこに「評価」が入ってしまうと事実の確認が非常に困難になります。

例えば、Xからは、「YがXに悪口を言った」という主張が、Yからは「Xに悪口を言った覚えはない」という反論が出たとします。対立点が「悪口を言ったか言っていないか」になっています。これでは、両者の言い分のどこに差異があるのか、判断することができません。ある事実があったかどうかということに加えてその事実を「悪口」だと評価できるかどうか、ということも一緒に問題にしてしまっているからです。**評価はとても主観的なもの**であり、「悪口」と感じるかどうかは人それぞれです。

そのため、調査においては、**「評価」ではなく、「事実」を確認する**ように心がけましょう。「5W1H」とよく言われますが、これも、「評価」ではなく、「事実」を確認するという思考に役立ちます。

なお、ある行為が「いじめ」に該当するかどうか、というのも評価の一種です。ただし、この評価は完全な主観ではなく、法律上の定義に該当するかどうか、という観点から判断します。このような評価方法は、「法的評価」と言われることがあります。ある行為が「いじめ」に該当するかどうか、という法的評価は、調査結果をまとめる段階で行うことになります。

chapter**4**

2 調査資料の精査

ポイント

○調査資料は、資料目録を作成し、作成者と作成日がわかるように
しておくとよい。

○調査資料からわかる事実関係等においても、一度整理をして、書
面にまとめておくとよい。

（1） 調査資料の確認

　記憶が新しいうちにヒアリングを行うことが望ましいのはもちろんです
が、拙速にヒアリングすることは適切ではありません。第5章でも指摘し
ますが、そもそも、**ヒアリングの回答は、その人の記憶に基づいて行われ
るもの**です。意図的に嘘をつくような場合があることはもちろん、意図し
ていなくても誤った情報が出てくることは十分にあります。また、聴き方
ひとつで回答内容が変わってしまうこともあります。そのため、まずはヒ
アリング以外の資料に基づいて判明している事実は何か、ということを初
めに確認しておくことがとても大事になります。客観的な資料で既にわか
っていることは時間の限られたヒアリングの中で聴かなくて済みますし、
また、そのような**客観的な事実と矛盾するようなことがあればその場で指**

摘できますので、より有意義なヒアリングに繋がります。

　得られる情報と想定される調査資料しては、以下のようなものが考えられます。もちろん、これ以外の事情についてもわかることがありますし、逆にわからないこともあります。

調査資料	得られる情報例
出席簿	ア　いじめの事実関係等 ・対象児童生徒等の出席状況
診断書	ア　いじめの事実関係等 ・対象児童生徒の状況
児童生徒理解・ 支援シート	ア　いじめの事実関係等 ・対象児童生徒の状況
定期アンケートの 調査結果	ア　いじめの事実関係等 ・訴えのあった行為の詳細 ・上記訴えのあった事実の前後の事実関係 ・対象児童生徒と関係児童生徒との人間関係 イ　学校の対応状況等 ・訴えのあった行為を認識したきっかけ・時期
関係する児童の家庭とのやり取り（連絡帳、メール、電話対応記録等）	ア　いじめの事実関係等 ・訴えのあった行為の詳細 ・訴えのあった行為の前後の事実関係 ・対象児童生徒と関係児童生徒との人間関係 イ　学校の対応状況等 ・訴えのあった行為を認識したきっかけ・時期 ・訴えのあった行為の認識後の対応 ・訴えのあった行為があるまでの指導経緯 ・訴えのあった行為後の対象児童生徒・保護者 　への対応状況

4章

重大事態調査を実施する①（資料の検討等）

調査資料	得られる情報例
いじめ防止対策組織の会議、職員会議、生徒指導委員会等の議事録	ア　いじめの事実関係等 ・いじめであると対象児童生徒から訴えのあった事実の詳細 ・上記訴えのあった事実の前後の事実関係 ・対象児童生徒と関係児童生徒との人間関係 イ　学校の対応状況等 ・訴えのあった行為を認識したきっかけ・時期 ・訴えのあった行為の認識後の対応 ・訴えのあった行為や対応に関する情報共有の有無、方法 ・訴えのあった行為があるまでの指導経緯 ・訴えのあった行為後の対象児童生徒・保護者への対応状況 ・訴えのあった行為後の関係児童生徒・保護者への対応状況
担任等が独自に取っているメモ、記録等	ア　いじめの事実関係等 ・いじめであると対象児童生徒から訴えのあった事実の詳細 ・上記訴えのあった事実の前後の事実関係 ・対象児童生徒と関係児童生徒との人間関係 イ　学校の対応状況等 ・訴えのあった行為を認識したきっかけ・時期 ・訴えのあった行為の認識後の対応 ・訴えのあった行為や対応に関する情報共有の有無、方法 ・訴えのあった行為があるまでの指導経緯 ・訴えのあった行為後の対象児童生徒・保護者への対応状況 ・訴えのあった行為後の関係児童生徒・保護者への対応状況

調査資料	得られる情報例
養護教諭やスクールカウンセラーの記録	ア　いじめの事実関係等 ・対象児童生徒の状況 ・いじめであると対象児童生徒から訴えのあった事実の詳細 ・上記訴えのあった事実の前後の事実関係 ・対象児童生徒と関係児童生徒との人間関係 イ　学校の対応状況等 ・訴えのあった行為を認識したきっかけ・時期 ・訴えのあった行為の認識後の対応 ・訴えのあった行為や対応に関する情報共有の有無、方法 ・訴えのあった行為後の対象児童生徒・保護者への対応状況 ・訴えのあった行為後の関係児童生徒・保護者への対応状況
いじめ防止法23条2項に基づき行った調査記録・調査結果（もし行っていれば）	・いじめの事実関係、学校の対応状況等　全般

(2)　調査資料の整理

　上記のような調査資料は、調査組織内で共有する必要があります。そのため、調査資料をまとめたファイルを作成したり、pdf化してデータとしてまとめたりするなどして、調査資料が何であるかがわかるように整理しましょう。

　なお、資料ごとに番号を付けておくと、後々の資料の整理に役立ちます。番号の付け方も様々ありますが、資料の整理に時間をかけすぎることは良くありませんので、資料を貰った順に①、②、③……と形式的に番号を付けることで十分だと思います。

115

また、このように資料をまとめておくだけでは、その資料がいつ作成されたものか、また誰が作成したのかがわからなくなってしまうことがあります。いじめを認識した時点が問題になる場合には、学校の調査資料の作成日が重要なことがありますし、特に子どもが書いた書類は、誰が書いたのか、ということが非常に重要になることがあります。そのため、書類自体の作成日や作成者が後々検証できないとなると、非常に困ることになりかねません。そのため、**別に資料目録を作っておき、資料の作成者と作成日がわかるように記録しておく**ことをお勧めします。もちろん、そもそも誰が書いたのか不明、いつ書かれたのか不明、という書類もあります。そういう場合には「不明」と書いておくと、紛失したのではなくそもそもわからない、という記録を残しておくことがよいでしょう。

　筆者は、自分で作成するときは、裁判の際に使用する「証拠説明書」という書類を基にしています。ワードで作成していますが、エクセルでも良いと思います。

（参考　資料目録）

資　料　目　録

●年●月●日

番号	名称	作成年月日	作成者	概要
1	出席簿 (6-●)	●年4月	学校	Xの出席状況
2	診断書	●年●月	●●	Xの症状
3	第1回いじめアンケート結果X	●年6月	X	●年6月のXのアンケート結果
4	第2回いじめアンケート結果X	●年11月	X	●年11月のXのアンケート結果
5	第2回いじめアンケート結果Y	●年11月	Y	●年11月のYのアンケート結果
6	保護者面談記録	●年●月●日	教頭	X保護者との面談記録（●年●月●日）
7	Wのノートのコピー	●年●月	W	Wから預かったノートのコピー（Xの訴えに関する情報記載）
8	生徒指導委員会議事録	●年●月	●●教諭	●年●月●日に行われた生徒指導委員会の議事録
9	●教諭メモ	●年●月●日頃	●●教諭	●●教諭がXとYから事情を聞いた際のメモ
10	第1回いじめ対策組織会議議事録	●年●月	●●教諭	第1回いじめ対策組織会議の議事録（調査方針の検討等）

4章

重大事態調査を実施する①（資料の検討等）

番号	名称	作成年月日	作成者	概要
11	調査方針説明議事録 X	●年●月	教頭	X保護者への調査方針の説明内容（録音あり）
12	調査方針説明議事録 Y	●年●月	教頭	Y保護者への調査方針の説明内容（録音あり）

(3) 調査資料からわかる事実関係の整理

　上記のような調査資料からわかる事実関係やこれから確認が必要となる**事実関係については、一度整理をして、書面にまとめておくとよい**と思います。調査組織内での情報共有にも非常に役立ちますし、調査報告をまとめる際のベースにもなります。また、途中で事情によって調査が第三者の調査組織に引き継がれた場合や再調査になってしまった場合等、学校外で調査が行われる場合の調査資料の一つにもなります。

　まとめ方はそれぞれの方法でよいかと思いますが、あくまで「事実」をまとめるということですので、5W1Hがわかるようにまとめる必要があります。ここでは、時系列表を作成してまとめる方法を紹介します。

　時系列表といっても、あくまで事実関係を整理するために行うものですので、詳細すぎてもよくありません。こちらも、参考例を示しておこうと思います。個人的にはワードで作成することが多いですが、もちろんエクセルでも構わないと思います。

（例）時系列表

日付	事実関係	学校の対応
R●.6.●		第1回いじめアンケート
R●.8	学校外の公園で多人数でサッカーをしていた際、XがYから悪口を言われた？（要確認）	
2学期？	Yがコソコソと他の男児と一緒にXの悪口を言っていた？（要確認）	
R●.10.25	昼休み →XがYの背中に乗っかったり、Yの脚を蹴る真似をした？ 下校時 →下駄箱付近でYがXに対して「お前、ウザいよ」と言った（資料7）	
R●.11.●		第2回いじめアンケート 放課後 →BのもとでX、Yが事実確認 →双方に謝罪させた B→生徒指導主任に口頭で報告（資料7） 生徒指導主任→校長にXのいじめアンケートに指導済みであることを記載して報告（資料4）

日付	事実関係	学校の対応
R●.●.●	X保護者から学校に電話 →いじめの訴え。(前日にリストカットをしていた旨の連絡あり。)	●●が校長に共有、いじめ対策組織で会議を開催を決定。 学校において、重大事態として認定。
R●.●.●		教育委員会に連絡
R●.●.●		第1回いじめ対策組織会議(資料10)
R●.●.●		X、X父母に調査方針説明(資料11)
R●.●.●		Y、Y父母に調査方針説明(資料12)

　上記の例では、いじめと訴えのあった行為に関する事実関係と学校の対応に関する事実関係を別の列に記載して整理しています。このほか、重大事態になる以前から、既に何人かの子どもに話を聞いている場合は、その子どもごとに、言い分を分けて整理する例もよく見られます。

　また、その事実の根拠となる(又は関連する)資料がある場合は、その資料番号も記載しています。

(4)　調査資料の保管

　調査により把握した情報の記録は、**学校の設置者又は学校の定める文書管理規則等に基づき適切に保存する**こととされており、保管期間は、アンケートの質問票や対象児童生徒・関係児童生徒等からの回答、アンケートやヒアリングの結果をまとめた文書等については、指導要録の保存期間を踏まえて、**5年間**とすることが望ましく、調査報告書も同様とされています[2]。

2　重大事態GL 18頁。

調査資料は、調査が終わった後、個人情報保護法に基づく情報開示請求の対象となりえます（公立学校の場合、個人情報保護法76条1項、私立学校や国立大学附属学校の場合、同法33条1項）。公立学校の場合は、調査資料が行政文書として、情報公開法に基づく情報公開請求の対象ともなりえます。

　もちろん、必ずしも全ての調査記録が開示又は公開されるわけではありませんが、このような制度に基づく開示等がありうることも想定して、調査資料は保管しておかなければなりません。

　また、適切な保管のためには、上記で説明したような資料の整理がとても役立ちます。資料だと思っておらず廃棄してしまった等といったことを防ぐためにも、きちんと整理し、保管しておくことを心掛ける必要があります。

chapter 4

3 アンケート調査

ポイント

○アンケートの実施は、いじめがあったことを周知させてしまう等
のデメリットも有するため、慎重に判断する必要がある。

○アンケートを行う場合、まずは調査対象者に対して、アンケート
の目的等、特定の事項を説明する必要がある。説明の方法は、ア
ンケート用紙に「実施説明書」を添えることが多い。

○アンケートは更なる情報確認につなげるため、基本的には記名式
で行うのが望ましい。

(1) アンケート調査の意味

　いじめ防止法28条１項に例示されているように、重大事態の調査にお
いては、アンケート調査[3]が行われることがあります。**特に自殺事案の場
合には、対象児童生徒からのヒアリングが不可能であるため、アンケート
調査が重要な位置を占める**とされています。

　不登校事案の場合にも、アンケート調査を利用することはあります。対
象児童生徒の保護者から、学校ないしはクラス全体へのアンケート調査を
実施してほしいという要望が出されることもあります。

　不登校事案の場合にアンケート調査を利用する趣旨はいくつかあります。
よくあるのは、対象児童生徒の主張している事実関係を見ていた生徒がい

3　いじめ防止法28条１項では「質問票の使用」とされています。

ないかを確認するためにアンケート調査を検討することです。ただ、誰が見ていたかがわかっているのであれば、その見ていた子どもへのヒアリングを行う方がより直接的で、望ましいと思われます。結局、後述するアンケート調査のマイナスの面も考慮すると、不登校事案において広くアンケート調査を行う場面は、必ずしも多くはないように思います。

他方、特定の人に対して質問紙を送って回答を得る、という対応はよくあります。例えば、本来はヒアリングをして直接話を聴くべきであるが、心身の不調等によって学校に来ることが難しく、学校関係者等がヒアリングできない場合です。そのような場合には、ヒアリングをすることはできなくとも、質問用紙を送る方法で、情報を得ることが考えられます。ヒアリングに代えた質問の留意点については、第5章5(1)で詳しく述べます。

(2) アンケート調査による弊害の留意点

もっとも、特に不登校事案の場合に、アンケート調査を行うべきか否かは、対象児童生徒の今後の学校生活を踏まえた考慮が必要になります。

ここでのアンケート調査は、第2章で説明したとおり、定期的なアンケート（いじめ防止法16条1項参照）とは別のものです。定期的なアンケートは、学校全体のいじめの事実関係に関する情報収集や実態把握の趣旨のために行われるものですが、重大事態の調査としてのアンケートは、特定の事案に関する情報を収集するためのものです。

そのため、アンケート用紙にも様々な違いが生じます。まず、対象児童生徒の氏名を明記して行う必要がある場合がほとんどです。そのため、対象児童生徒へのいじめが疑われることや調査を行っていることを知らない子どもにも、**いじめがあったことを周知させてしまう**可能性があります。そのために、憶測や噂話による二次被害の防止にも注意しなくてはなりません。

(3) アンケート調査の手順・方式

ア　調査対象者に対する説明

　ヒアリングやアンケート調査を行う場合、以下の事項等を説明すること
が必要とされています[4]。

・聴き取り（又はアンケート）調査は、重大事態調査の一環として行う
　こと
・重大事態調査は、可能な限り詳細に事実関係を確認し、事案への対処
　及び再発防止策を講ずることが目的であること
・聴き取り内容・回答内容は、守秘義務が課された調査組織や調査主体
　の担当者でのみ共有すること
・法に基づいて調査結果は対象児童生徒・保護者に提供するとともに、
　関係児童生徒・保護者等にも説明等を行うこと
・調査報告書を公表することとなった場合には、個人情報保護法に基づ
　いて個人名及び個人が識別できる情報は秘匿処理を行うとともに、人
　権やプライバシーにも配慮すること

　特に、裁判上の制度[5]や情報開示請求[6]によって、アンケートの回答内容
やヒアリング結果の開示が問題となる場面がありますので、目的外使用を
しないことや秘匿を約束することについて説明し、記録化することが重要
です（個人情報保護法と対象児童生徒・保護者への情報提供の関係につい

4　重大事態GL 32頁。
5　文書提出命令（民事訴訟の証拠とするために、裁判所が文書の提出を命ずる制度。民事訴
　訟法220条～223条）によって、アンケートの開示等が問題になった裁判もあります（広
　島高決令和2年11月30日判時2505号28頁、福岡高決令和4年11月29日LLI/DB判例秘
　書登載）。
6　いじめ調査ではありませんが、自殺事案の調査で、教員、保護者、生徒のアンケート原本
　やヒアリング記録の開示が問題になった例として、広島高判平成31年1月17日LLI/DB判
　例秘書登載があります。

ては、第7章1(3)参照)。

なお、「回答内容は、守秘義務が課された調査組織や調査主体の担当者でのみ共有する」とされているように、**アンケートの回答内容が記載された質問票そのものを開示すること**は、個人情報保護法に違反し、また子どものプライバシーを傷つけることになりかねませんので、**適切ではありません**[7]。確かに、第7章で説明するとおり、対象児童生徒・保護者やその他の児童生徒・保護者に対して調査結果を説明することになり、この際等に、個人が識別できる情報（個人名、筆跡等）を保護した上で、アンケートの結果を提供することがあります[8]。ただし、この場合も、あくまで回答者が誰であるか特定できない形で作成されたアンケートの結果（回答の集計結果）ですので、回答内容をそのまま開示するのではありません。

説明方法については、直接口頭で説明する機会がとれない場合も多くありますので、アンケート用紙を子どもに渡す際に、説明の手紙を添える方法によることが多いかと思います。

また、必然的に、誰（対象児童生徒）のどのような出来事であるかを伝えることになりますので、対象児童生徒・保護者には、あらかじめ、どのような説明を行うか、確認しておくことが望ましいと思います。

---

7 一方で、基本方針38-39頁では「質問紙調査の実施により得られたアンケートについては、いじめられた児童生徒又はその保護者に提供する場合があることをあらかじめ念頭におき、調査に先立ち、その旨を調査対象となる在校生やその保護者に説明する等の措置が必要であることに留意する。」とあり、一見、今般改訂された重大事態GLと一致していません。なお、この記載は、基本方針制定時に、いじめ被害関係者の意見陳述を踏まえて制定されたもののようです（小西洋之『いじめ防止対策推進法の解説と具体策』WAVE出版、2014年、199頁。いじめ防止対策推進法案に対する附帯決議（平成25年6月20日参議院文教科学委員会）七も参照。）。実際には、回答内容を対象児童生徒・保護者に伝えることを前提としたアンケートに答えてもらえるような場合は少なく、調査の実行性が保てなくなるので、回答者は対象児童生徒・保護者に対しても秘匿して行うべきものと考えます。

8 重大事態GL 28頁参照。

（例）アンケート実施説明書

●年●月●日

アンケートの実施に関するご説明

保護者各位

●●市立A小学校

校長　●●　●●

拝啓　時下ますますご清祥のこととお慶び申し上げます。

日頃は、本校の教育活動に対し、格別のご理解とご協力を賜り、厚く御礼申し上げます。

1　さて、本校に在籍するXさんが、現在、不登校の状況に陥ってしまっています。そして、Xさんより、他の児童からいじめを受けているとの申告がありました。これを受けまして、本校では、いじめ防止対策推進法第28条第1項に基づき、調査組織を設置して、事実関係の調査を進めております。この調査は、可能な限り詳細に事実関係を確認し、事案への対処と再発防止策を講ずることを目的としており、児童の安全と心の健康を守るために極めて重要なものです。

2　そして、本校では、かかる調査の一環として、各児童に対するアンケートを行いたく考えております。ご協力いただけますと、真相解明に大きく寄与することと存じます。もっとも、アンケートへのご回答は任意です。回答が難しい場合であっても、特段の不利益はございません。

3　アンケートの回答内容は、上記の目的以外には使用せず、本校に

て厳正に取り纏め、調査資料といたします。回答内容自体につきましては、本件の調査を担当している者のみで共有いたします。他方、本件の調査結果につきましては、いじめ防止対策推進法第28条第２項に基づき、Xさんやその保護者、関係児童やその保護者に説明を行うことを予定しております。本校としては、アンケート回答者のプライバシー保護に最大限配慮し、回答者が識別できない形で調査結果を説明することを予定しています

4　アンケートにご協力いただける場合、アンケートへの回答は、封をして校長宛てにお送りください。

5　また、アンケート調査の後、回答内容等を精査の上、必要に応じて、一定のお子様へのヒアリングを実施する予定です。ヒアリングに当たっては、お子様の心身の状態やプライバシーにも十分配慮しつつ、慎重に行ってまいります。聴取り調査にご協力いただける場合は、アンケートの該当項目に「○」を付けていただけますと幸いです。

6　最後に、この度の調査にご理解とご協力を賜りますよう、心よりお願い申し上げます。児童一人一人の安全と成長を守るために、皆様のご協力が不可欠です。何卒、よろしくお願いいたします。

敬具

　また、アンケート実施説明書とは別途、アンケート調査に関する承諾書を作成する例もあります[9]。

9　背景調査指針35頁参照。

イ　いじめを行った疑いのある児童生徒の氏名を記載するか

　対象児童生徒の保護者から、上記の対象者に対する説明の際やアンケートの質問事項内で、「●●に殴られた」「●●にいじめられた」というように、いじめを行った疑いのある児童生徒の名前を入れてほしいという要望が出ることがあります。ただし、**基本的にいじめをしたとされる子どもの氏名を入れることは望ましくありません**。まず、重大事態の調査は、対象児童生徒がされたいじめに関する調査ですので、訴えのあった児童生徒以外がいじめを行っている場合、これも調査対象になりえます。また、そもそも対象児童生徒が認識している行為者が異なっている可能性も考えられます。アンケートは、広く対象児童生徒に関するいじめの情報をキャッチするという目的で行う以上は、行為者を特定することで必要な情報が得られない可能性があります。また、アンケートを実施する時点では、対象児童生徒側の話のみしか聞いていない状態が多いかと思います。そうすると、仮に、実際は行為者が異なっている場合等には、いじめを行った疑いのある児童生徒としては、いじめをしていないのに、あたかもいじめをしたかのように名前が記載されてしまうことになります。これが、むしろいじめを行った疑いのある児童生徒に対する二次被害に繋がりかねません。最悪の場合、名誉毀損等として学校の設置者が訴えられることも考えられます。そのため、対象児童生徒から要望があったとしても、いじめを行った疑いのある児童生徒の氏名を入れることには大変慎重である必要があります[10]。

イ　記名式とするか否か

　また、重大事態の調査としてのアンケートは、**基本的に記名式**です。アンケート調査を行った後、情報を持っていそうな児童生徒に対して更に詳

10　対象児童生徒の代理人の立場から書かれたものですが、高島惇『いじめ事件の弁護士実務』第一法規、2022年、99頁も参照。

しい事情を確認するためです。また、そのアンケート結果を事実認定の材料とする場合、誰からの情報であるか、ということが重要となることも考えられます。基本的には記名式とすべきでしょう[11]。また、第2章で説明したように、記名しても良いと考える児童生徒には記名してもらう、という選択式にすることも考えられます。ただし、無記名を選択した児童生徒に直接話を聴くことができない可能性がある、というデメリットがあることは変わりません。

ウ　アンケート用紙の記入方法、回収方法

　アンケートの回答内容そのものは、基本的に他の子どもに見せることを想定していません。他の児童生徒に見られることを防ぐために、教室内で記入してもらうのではなく、自宅に持ち帰ったうえで記入してもらう、という工夫等がありえます。また、仮に教室内で記入してもらうとしても、クラスの後ろの席から前の席へ回して回収する方法ではなく、担任等が児童生徒一人一人から回収する方法等、回収方法の工夫も考えられます。

　もっとも、一度自宅に持ち帰る場合、保護者が記入する可能性もあります。その場合、保護者が他の保護者等から聞いた話なのか、それともその児童生徒自身が見聞きしたことであるのか、判別がつかなくなることもあります。後にヒアリングを予定しているのであれば、この点も含めて確認することになります。第5章で説明するとおり、本人が直接体験したことかどうか、というのは非常に重要な点ですから、アンケートを自宅に持ち帰らせる場合には、この点にも注意が必要です。

---

11 重大事態GL 34頁も参照。

エ　質問の内容

　質問の内容についても、注意が必要な点がいくつかあります。もっとも、アンケート一般の問題というよりは質問全般に関する事項が大半であるので、第5章でヒアリングにおける質問の内容と併せて説明します。

（例）アンケート用紙（小学6年生を想定）

Xさんに関するアンケート

みなさんへ

　このアンケートは、Xさんについてみなさんが知っていることを教えてもらうために行っているものです。

　最近、Xさんがこまっていると感じたことはありますか？
　[　　]　はい
　[　　]　いいえ
「はい」と答えた場合、どのようなことが起きていたか、教えていただけますか？
・いつごろに

・どこで

・どんなふうに

　Xさんが他の子にからかわれたり、言葉できずつけられたりするのを見たことはありますか？
　[　　]　はい

[　　] いいえ

「はい」と答えた場合、どのようなことが言われていたか、覚えていることを書いてみてください。

・いつごろに

・どこで

・だれから

・どんなふうに

　そのほか、Xさんについて、教えてくれることはありますか？

　答えてくれたことについて、くわしいお話を聞かせてくれる場合は、「○」をつけてください。
　[　　] 回答したことについて、学校にくわしい話をしてもよい。

アンケートは以上です。ありがとうございました。
　　　年　　　組　　　名前
（名前を書きたくないという人は、書かなくても構いません。）

chapter 4

4 調査実施中の情報の提供 （経過報告）

ポイント

○対象児童生徒やその保護者への調査実施中の進捗報告は、「調査がどの程度進行しているか」「今後のスケジュールがどのようになっているか」等を中心に伝える。

○原則として、ヒアリングを含む調査資料の内容については、調査中にその内容を伝えるべきではない。ヒアリング対象者やヒアリングの日程についても、同様に伝えるべきではない。

○不確定な段階で事実認定の見通しを共有することも、避けたほうが良い。

(1) 調査実施中の経過報告に関する留意点

調査実施中、対象児童生徒・保護者に対して、調査の進捗等の経過報告を行うことが求められています[12]。既に説明したとおり、この経過報告は、調査方針の説明事項にも含まれています。

経過報告のタイミングについては色々ありますが、例えば調査組織で会議を行った都度、調査の進捗状況について経過報告を行う、ということが考えられます。または、ヒアリング対象者へのヒアリングが終了した場合等、調査の進捗上キリがよいタイミングで経過報告を行う、といったように、調査のタスクとの関係で経過報告を行うことも考えられます。いずれにせよ、**途中で連絡が途切れてしまうことのないように注意する**ことは必

12　重大事態GL 34頁。

要です。

　なお、学校主体の調査の際はあまり問題になりませんが、設置者主体の第三者委員会で調査を行っている場合は、経過報告を調査委員が行うのか、それとも事務局である調査主体が行うのか、ということが問題になることがあります[13]。事務局から経過報告を行うことが多いと思われますが、対象児童生徒・保護者との信頼関係によっては、別の対応を取る例もあります。

(2)　経過報告の内容

ア　調査の進捗

　重大事態GLで例示されているように、経過報告の主な内容は、調査の進行（当初予定していた調査についてどの程度実施したか）や今後のスケジュール（今後の調査組織の会議日程）がどのようになっているかということです[14]。また、調査事項が増えた場合、スケジュールに影響しますので、そのことについても説明することが考えられます。むしろ、**これら以外の事項については、調査実施中には説明することが適切ではない情報が多く含まれます**。

イ　調査資料の内容

　原則として、**ヒアリングの内容を含む調査資料の内容については、調査中にその内容を伝えるべきではありません**。調査内容にはセンシティブな内容が多く含まれます。特にヒアリング内容には、「誰にも言わないでほしい」「自分が言ったと言わないでほしい」という前提で話してくれている事項があることも多くあります。そのような内容まで対象児童生徒・保護者に伝えてしまうとなると、調査の中立性・公平性に疑問が生じかねな

13　重大事態GL 35頁。
14　重大事態GL 34頁。

いうえ、話してくれた児童生徒のプライバシー等も毀損しかねません。

　また、調査資料の内容は、誤解に基づく証言等、正しくない事実も多分に含まれている可能性があります。調査の結果認定した事実ではなく、真偽に疑問のある情報まで全て開示することは、かえって混乱を生みます。

　確かに、いじめ防止法28条2項では、設置者又は学校による情報の提供が定められていますが、求められているのは、あくまで「必要な情報を適切に提供」することです。対象児童生徒・保護者であるとしても、調査中に調査資料を見る権限まではありません。

ウ　ヒアリング対象者の氏名及びヒアリングの日程

　ヒアリング対象者の氏名やその日程を伝えることについても、基本的には避けるべきであると考えられます。**ヒアリングを行う前に伝えることは、特に避けた方が良い**と思います。対象児童生徒・保護者にヒアリング対象者を事前に開示すると、**その対象児童生徒・保護者が、ヒアリング前に対象者に接触することが可能となってしまう**ためです。これも、調査の中立性・公平性に疑問が生じかねません。

　もっとも、実務上、調査の進行状況や対象児童生徒とヒアリング対象者との関係性等を踏まえて、ヒアリング対象者の範囲を一定程度共有することが、全くないわけではありません。いずれにしても、ヒアリング対象者の範囲を事前に知らせることによるリスクがどれだけあるかということを、調査組織内で議論した上で結論を出す必要があります。

エ　調査に基づく事実認定の概要

　調査結果をまとめた後に事実認定等に関する情報提供は行いますが、**調査の途中で事実認定の見通しを共有することについても、基本的には避けるべきです**。調査資料が揃っておらず、またその精査も完了していない段階では、不正確な事実認定である可能性があるからです。

もっとも、今後の対象児童生徒へのサポート等のために、調査組織の判断で、個別事案の内容、その時点で揃っている調査資料等の事情を踏まえて、ある程度の見通しを事前に情報提供することが適切な場合も考えられないわけではありません。これについても、誰か一人の独断ではなく、調査組織内で議論した上で決定することは必要です。

　なお、重大事態GLでは、「聴き取った内容を調査報告書にまとめる際に、事実関係の認定に係る部分等について「この記載で相違ないか」という視点で報告書を取りまとめる前に記載のある児童生徒・保護者に対して確認をとることも考えられる。」とされています[15]。ヒアリングした内容をそのまま調査報告書に記載することを前提とした記載ですが、事実と証拠（ヒアリング結果）の峻別が理解されていないので、不適切であると考えます（第6章2(3)ウ参照）。

15　重大事態GL 34頁。

コラム

「疑い」があるかどうかの調査？

　学校事故調査や子供の自殺が起きたときの背景調査（第8章4(1)参照）は、「基本調査」と「詳細調査」に分かれています。他方、重大事態の調査といじめ防止法23条2項に基づく調査は、その内容が法律上明確に規定されておらず、「基本調査」と「詳細調査」の関係にはありません。

　そのため、必ずしも「いじめ防止法23条2項の調査だから軽い調査でいい」「重大事態だけど、自殺ではなく不登校事案だから比較的簡単な調査でいい」ということにはなりません。結局は、対象児童生徒の様子や関係児童との関係性等を踏まえて、個別具体的に、どこまで調査を行うか（または行わないか）を判断していくことになります。

　もちろん、重大事態の調査を行う前に、いじめ防止法23条2項の調査を必ず経ておかなければならない、というわけではありません。他方、今般改訂された重大事態GLでは、「対象児童生徒や保護者から、重大事態の申立てをうけたが、学校が対象児童生徒へのいじめの事実等を確認できていない場合には、必要に応じて、まず、法第23条第2項の規定を踏まえた学校いじめ対策組織による調査を実施し、事実関係の確認を行うことが考えられる。」とされています[16]。重大事態GLの改訂を検討したいじめ防止対策協議会の議論を見てみると、「いじめ事案に関わっていると、学校の初動対応に対するクレームが多い。初めは、加害児童生徒への憎しみ、腹立たしさがあるが、徐々に学校への不満にすり替わっていく。申立てがあったもの全部が（註：原文ママ）重大事態の調査をするというのは、非現実的であるが、申立てを踏まえて対応していくことは重要である。」とありますので[17]、「いじめにより当該学校に在籍する児童等の生命、心身

16　重大事態GL 12頁。同様の記述として、12〜13頁、14頁。
17　いじめ防止対策協議会（令和5年度）第5回資料1-1「いじめの重大事態調査に関する国の指針等の改訂に向けてこれまで（令和5年度本協議会第3回・第4回等）の意見のまとめ」2頁。

又は財産に重大な被害が生じた疑い」や「当該学校に在籍する児童等が相当の期間学校を欠席することを余儀なくされている疑い」があるかどうかを調査するために、いじめ防止法23条2項の調査を行う、という趣旨であると思われます。

しかし、第1章2(3)イで説明したとおり、学校がいじめ防止法28条1項の「疑い」がないと判断できる場面は、ほぼありません。そうすると、現在の重大事態GLを前提とするならば、対象児童生徒・保護者から「いじめによって不登校となった」という訴えがあり、かつ詳細な事実関係を学校が把握していない場合、いじめ防止法23条2項の調査を行ったとしても、重大事態と認めざるをえない場合がほとんどだと思います。そもそも、「疑い」の確度やその判断基準について、一般的な法解釈の一致もありません。そのような中で、法解釈の専門家ではない学校にそのような解釈を任せて重大事態と認定しないこと自体、あまりにもリスクが大きすぎます。むしろ、いじめ防止法23条2項の調査を行っていたために、重大事態の認定が遅くなった場合に、「重大事態の認定をもっと早く行うべきだった」と評価されてしまう可能性があり、よほど問題です。

このような趣旨によるいじめ防止法23条2項に基づく調査が功を奏するかどうかは、今後の学校現場での実務次第ですが、結局、重大事態の認定を遅くしてまで、いじめ防止法23条2項の調査を行うメリットは、あまりないように思います。

または、重大事態として認定しつつ、いじめ防止法23条2項に基づく調査を「並行して」行う、ということは考えられなくはありません。ただし、重大事態の調査が設置者主体となる場合、異なる調査組織が並行して2つ存在することになる可能性もあるので、交通整理に注意が必要です。いずれにせよ、この重大事態GLの記載は、重大な被害や不登校の原因がいじめであると訴えがあった場合に、先にいじめの有無をしっかり調査しなければならない、という誤解を与えかねず、現場の混乱の元になるので

はないかと思います。

　私見ですが、もしいじめ防止法23条 2 項の調査をいじめ防止法28条 1 項の「疑い」の調査として活用するのならば、重大事態の要件の考え方にも影響しますので、ガイドラインではなく立法で解決すべきであると考えます。

第 **5** 章

重大事態調査を実施する②
（ヒアリング）

chapter 5

1 ヒアリングの基本的な考え方

ポイント

○いじめの性質上、客観的な資料で全体が明らかになることはほとんどなく、関係者へのヒアリングは調査においても中心となることが多い。

○しかし、ヒアリングへの協力は任意であり、調査主体がヒアリング対象者に強制して行うことはできない。

○ヒアリングの内容は必ずしも正確とは限らず、そのため調査主体が回答内容や回答者の態度等から判断しなければならない。

本章では、ヒアリングについて重点的に解説します。いくつかある調査方法の中でも中心となることの多い調査方法ですが、何を聴くのか、どのような方法で聴くのか等、慎重な配慮が必要な場合があります。重大事態GL等で詳しいことが示されていない部分でもあり、本書の要の一つです。

事例

A小学校は、学校内の資料の検討を終え、児童に対してヒアリングを行うこととした。

X、Yのほか、Xから指摘のあったZ（8月に学校外の公園で多人数でサッカーをしていたうちの一人）とS、T、U（コソコソと他の男児と一緒にXの悪口を言っていたと主張のあった児童）等にヒアリングすることとなった。

各ヒアリングの前に、何を尋ねるかということについては、教頭が独自に簡単なメモを作成した他は、特に検討されなかった (p.144)。また、質問の仕方 (p.162) についても、特に留意点等は共有されていなかった。ヒアリングは、放課後の教室で行われ、教室に誰かが入ってくる可能性もないとはいえない状況であった (p.152)。

　このような対応には、どんな改善点があるか。

(1) ヒアリングの意義

　いじめの調査において、ヒアリング[1]は大きな比重を占めます。

　一般的に、いじめは大人の目に付きにくい時間や場所で行われることが多く、また遊びやふざけあいを装って行われたりすることが多いため[2]、**客観的な資料で全体が明らかになることはほとんどありません**。そのため、事案の全体を把握するためには、関係者が見聞きした内容を聴き、その状況を確認することが重要となります。

　実際の調査においては、ヒアリング結果は、特定の事実を認定するための唯一の証拠となることも多いです。そのため、ヒアリングがきちんとできているかどうかということは、調査に少なからず影響を与える可能性があります。

(2) ヒアリングの欠点

ア　強制力の不存在

　このように、ヒアリングは重要な調査方法ですが、欠点もあります。まず、ヒアリングに応じる法的なインセンティブがありません。いじめを行った疑いのある児童生徒に対しては懲戒権を根拠に（第2章2(4)ウ参照）、

1　重大事態GLでは「聴取」とされています。
2　基本方針29頁。

5章

重大事態調査を実施する②（ヒアリング）

141

保護者にはいじめの防止等の措置のために協力する努力義務[3]を根拠に、それぞれヒアリングに応じるよう促すことは考えられますが、ヒアリングに応じなかったとしても、罰則等の制裁規定は、いじめ防止法にはありません。そのため、**ヒアリング調査は、ヒアリング対象者の任意の協力の下で成り立っています**。

　ちなみに、企業の不正調査の場合、捜査機関のように逮捕や捜索差押はもちろんできませんが、主なヒアリング対象者である従業員には、労働者の職責に照らしてその職務内容となっていると認められる場合や企業の調査に必要かつ合理的と認められる場合には、協力する義務があるとされています[4]。

イ　信用性の問題

　また、ヒアリングにおいて話された内容が**必ずしも正確であるとは限らない**、ということも欠点です。

　まず、前述のとおり、嘘をついたとしても明確な制裁規定はありませんので、話し手が意図的に嘘をつくことが可能です。そして、仮に嘘をつくつもりがなかったとしても、話し手が状況を知覚した条件が悪く（状況を遠くからしか見ていなかった等）、そもそもきちんと情報を把握できていないこともあります。きちんと知覚できていたとしても、しっかりと記憶しておらず、誤った情報となっている可能性もあります。記憶に問題がないとしても、その事実関係の表現には、話し手の主観が入ります。仮に、話し手の脳波を確認する装置を取り付けることが可能であれば、嘘やバイアスが見抜けるのかもしれませんが、いじめ調査の中で行うには非現実的です。

　したがって、**ヒアリング結果が信用できるかどうかということは、調査**

3　いじめ防止法9条3項。
4　最三小判昭和52年12月13日民集31巻7号1037頁参照。

主体が回答内容や回答者の態度等から判断しなければなりません。この信用性の判断は大変難しいものです。調査において、ヒアリング結果が信用できる、と判断するためには、やはり、何かしらの根拠が必要である一方、教員の主観的な感覚以上の根拠が求められるからです（信用性の判断については、第6章2(3)で説明します。）。

　また、ヒアリングには、このような欠点がありますので、ヒアリングが完璧な調査方法ではないことを前提に、できる努力や配慮をしなければなりません。特に、バイアスがかからないようにするために、ヒアリングを行う場所、時間、質問方法等に注意する必要もあります。もちろん、気にしすぎて、ヒアリング自体ができなくなってしまってもよくありませんが、どのような場面で、どのような弊害が生じるか、ということは知っておきましょう。この点は、本章3で詳しく説明します。

chapter 5

2 ヒアリングの事前準備

ポイント

○ヒアリング事項の検討においては、各対象者に合わせて聴く事項、聴かない方が良い事項を整理する。

○記憶違いによる誤りをなくすために、基本的にはヒアリングを録画または録音する準備をしておく。

○ヒアリングにおいては、必要な説明をしなかったり、必要な事項を聴き漏らすことのないよう、事前に「ヒアリング事項メモ」を用意するとよい。

(1) ヒアリング事項の検討

第3章のとおり、学校主体の調査の場合、いじめの事実関係と学校の対応の検証が主な調査事項となります。そのため、ヒアリングで確認すべき事実は、主に、いじめに関する事実といじめへの学校の対応に関する事実です。もっとも、対象者によって、その具体的な内容は異なります。

ア 対象児童生徒

対象児童生徒へのヒアリングの場合、もちろん、いじめであると訴えのあった各行為の詳細（いつ、どこで、誰が、どのような態様で行ったか）を聴く必要があります。もっとも、それだけに限らず、当該行為が行われた全体的なストーリーを確認しておく必要があります。つまり、**対象児童**

生徒といじめを行ったとされる子どもとの間の人間関係、いじめ行為に至った経緯及び行為後の状況等も、確認が必要です。これらは対象児童生徒への支援及び再発防止の観点から重要であることはいうまでもありませんが、特定のいじめ行為の事実認定を補助することもあります（第6章参照）。

　また、学校の対応状況との関係では、（いじめを受けていると訴えたことがある場合は）いじめの行為を学校に訴えたのはいつであったか、その訴えがあった後（または学校がその行為を認識した後）学校はどんな対応をしたか等も、対象児童生徒本人から確認しておくことが考えられます。学校主体の調査であるから学校が何をしたのかは学校の方でよくわかっているので不要である、という考え方もあるかもしれませんが、その学校の対応について、**対象児童生徒本人がどのように受け止めていた**のか、ということを確認することは、今後の支援や再発防止の際の材料となります。

　また、場合によっては、当事者間の関係性を改めて本人らから確認することや、現在の体調や状況、今後の学校生活に関する意向などを確認することもあります。

イ　いじめを行った疑いのある児童生徒

　重大事態の当事者であるいじめを行った疑いのある児童生徒についても、対象児童生徒と大枠は変わりません。いじめであると訴えのあった各行為の詳細、対象児童生徒といじめを行った疑いのある児童生徒との人間関係、いじめ行為に至った経緯及び行為後の状況等を確認することが基本となります。状況に応じて当事者間の関係性や今後の学校生活に関する事情を確認することも、対象児童生徒の場合と同様です。

ウ　それ以外の関係児童生徒

　当事者ではないものの、問題となった行為を目撃していた等、事実関係の確認のために、第三者である子どもからヒアリングをする場合もありま

す。主に、当該行為に関する事実関係を確認します。必要に応じて、その当事者間の人間関係も聴くことがあります。

　また、**目撃者である場合は、その目撃情報自体にどれほど信ぴょう性があるか、についても確認を要します**。例えば、どのくらいの距離で見ていたのか（目の前で起こった行為だったのでよく観察できている等）、目撃した日時・場所・内容を記憶している理由があるか（その行為があった日が運動会の日と同じだったので覚えている等）です。

　どこまで掘り下げて確認するかについては、個々の事情によって様々ですが、当事者ではないため、あまりに仰々しくヒアリングを行ってしまうと、余計な噂を広めることに繋がる可能性もあることには、注意が必要です。

エ　教職員

　第3章4(3)エ(イ)のとおり、学校主体の調査において、教職員の有している情報は必ずしもヒアリングという形式をとるとは限りませんが、調査組織（主に第三者として入っている専門家）が調査組織外の教職員をヒアリングすることを想定して説明します。

　例えば担任へのヒアリングの場合、当事者やいじめの状況に関して解像度を上げるために、それぞれの子どもがどういった子どもであるのか、クラスの雰囲気はどうであったか、ということを確認します。教職員に関しては、実際にいじめの現場を見ているのであれば、更にいじめの事実関係について確認しますが、担任であっても、いじめの現場そのものを見ていないことはよくあります。

　そのため、主に確認する内容は、学校の対応状況に関する事項です。いじめと訴えのあった行為を認識したきっかけ・時期、認識後にどのように指導ないしは対応したか、行為や対応に関する情報共有の有無・方法、訴えのあった行為があるまで、対象児童生徒や関係児童生徒に対して行っていた指導経緯、いじめ行為があった後から現在に至るまでの対象児童生

徒・保護者への対応状況、関係児童生徒とその保護者への対応状況等です（第4章2(1)参照）。

オ　保護者

　場合によっては、対象児童生徒の保護者や関係児童生徒の保護者からヒアリングをすることがあります。基本的に保護者は直接のいじめの事実関係を直接見聞きしたわけではないため、**いじめの事実関係を保護者から確認することは、決して最善手ではありません**。もっとも、当事者である子どもが、いじめの事実関係に関することについて「家では●●と言っていた。」という事実や、学校外での子どもの状況に関する事実は、保護者が直接見聞きした事実であるため、その子どものヒアリングとあわせることで、有益な資料となることがあります。

　また、**子どもがヒアリングに応じることが難しい場合に、やむなくその保護者からヒアリングをする**こともあります。ただし、保護者は子どもから聞いた内容を話している場合、その内容は伝聞に過ぎません。そのため、**保護者の話を信用していじめの事実そのものを認定してよいかということは、慎重に考える必要があります**（第6章2(3)参照）。

　なお、対象児童生徒の保護者には、重大事態について言い分や要求事項があることは通常です。そのため、ヒアリングという形をとるかどうかは別にしても、経過報告等で、連絡が途切れてしまうことのないように注意することは必要です（第4章4参照）。

(2)　ヒアリングで聴く必要のない事項

　逆に、**いじめと疑われる一連の行為に関係のない事実は、深堀りする必要はありません**。XがYに殴られたと訴えのある冒頭の例で言えば、Sという全く関係のない子どもがYに殴られたことをヒアリングで詳しく聴く必要はありません（もちろん、Sの件は別途Sの件として事実確認を要す

147

る可能性はあります。）。念のためですが、XがSにも殴られた、であれば、その行為がXの不登校に関連する可能性があるものとして、詳しく聴く場合もあります。

(3) 録音の必要性

ヒアリング内容は調査資料となりますから、記録化を要します。場合によっては、ヒアリング対象の子どもへの配慮等のために、録音や録画をせず、ヒアリング結果についてのメモだけを残す場合もありますが、**基本的には録音または録画を行うべき**です。ヒアリングした内容について、ヒアリング実施者の記憶等による誤りが生じる余地をなくすためです。

そのため、事前に録音機器を準備しておきましょう。なお、個人使用のスマートフォンでも、機能上録音は可能ですが、別の録音機器を用意してください。当然のことですが、個人使用のスマートフォンに秘匿性の非常に高い調査資料を入れることは、決してあってはなりません。

なお、ヒアリングについては、録画ではなく録音が一般的です。以下では録音を前提に説明していますが、録画をする場合の注意点は、基本的に録音の場合と同様です。

(3) ヒアリング事項メモの作成

このように、ヒアリング対象となる子どもそれぞれに対して、質問事項を検討し、メモを作成します。

本章冒頭の事例で言えば、例えば、Xについては以下のようにメモを作成しておくことが考えられます（進め方や質問の仕方は後述します。）。

なお、ヒアリング事項を検討した際のメモも、ヒアリング結果をまとめたメモも、いずれも「ヒアリングメモ」と呼ぶことがありますが、本書では混同を避けるために、前者を「ヒアリング事項メモ」、後者を「ヒアリング結果メモ」といいます。

（例）ヒアリング事項メモ

日時：20●●年●月●日

場所：●●室

時間：●時～●時

対象者：X（6年●組）

実施者：●●

第1　ヒアリングに関する説明

1　録音の説明・確認

　→録音開始

2　活動目的の説明

・ヒアリング調査は、重大事態調査の一環として行う

・重大事態調査は、可能な限り詳細に事実関係を確認し、事案への対
　処及び再発防止策を講ずることが目的である

3　回答に関する説明

・聴取内容・回答内容は、本調査の目的外では使用せず、調査組織や
　調査主体の担当者でのみ共有する

　※対象児童生徒・保護者以外の場合は、以下も説明する。

・法に基づいて調査結果は対象児童生徒・保護者に提供するとともに、
　関係児童生徒・保護者等にも説明等を行う

・調査報告書を公表することとなった場合には、個人情報保護法に基
　づいて個人名及び個人が識別できる情報は秘匿処理を行うとともに、
　人権やプライバシーにも配慮する

4　ヒアリングのルールに関する説明

第2　ヒアリング事項

1　当事者関係

・現在の体調や状態はどうか

5章
重大事態調査を実施する②（ヒアリング）

149

・Yとはどういう仲であったか

（※学校主体の調査の場合、これについては把握していることも多いため、他のヒアリング事項との兼ね合いで省略することもありうると思います。）

2　いじめの事実関係等について

(1)　「10月25日の下校時、下駄箱付近でYから、『お前、ウザいよ』と言われて殴られた」ということについて

ア　時間

・「下校時」とは何時何分頃のことか

イ　場所

・「下駄箱付近」とは具体的にどこか

ウ　態様

・「お前、ウザいよ」という発言の口調はどうであったか

・声の大きさはどうであったか

・そのときのYの表情はどうだったか

・「殴られた」というのは、どちらの手で殴られたのか

・どこを殴られたのか

・その強さはどうであったか

・何回殴られたのか

エ　経緯

・「お前、ウザいよ」という発言の前にはどのようなやり取りがあったか

オ　その後のやり取り

・殴られた後のやり取りはどうであったか

(2)　「8月、学校外の公園でサッカーをしていた際に、YがXに悪口を言った」ということについて

……（省略）

(3) 「2学期以降、他の男児とYがXの悪口を言っていた」ということ
   について

……（省略）

3　学校の対応状況等について

(1) いじめと訴えのあった行為を認識したきっかけ・時期

・上記の行為について、学校に伝えたことはあるか

・ある場合、いつ、どのようにして伝えたか

（※学校が認識したきっかけよりも前の段階でXから訴えがなかったか）

(2) 訴えのあった行為があるまで、Xや関係児童に対して行っていた
   指導経緯

(3) いじめ行為があった後から現在に至るまでの対象児童生徒・保護
   者への対応状況

・学校に訴えた後のYとの関係はどうか

(4)　ヒアリングへの協力依頼（特に関係児童生徒）

　ヒアリング（特に関係児童生徒へのヒアリング）への協力依頼を行う際、第三者委員会による調査の場合は、アンケート調査と同様に、ヒアリング対象者・保護者へ「聴取内容・回答内容は、守秘義務が課された調査組織や調査主体の担当者でのみ共有する」こと等を記載した依頼文を出すことが一般的です[5]。学校主体の調査の場合でも実施説明書を保護者宛てに出すことはありますが、保護者との関係性等を踏まえて、ヒアリング実施前に同内容を説明し、かつ、この説明自体を録音等で記録化する場合もあります。

　なお、依頼文を出していたとしても、上記のヒアリングメモ第1記載の事項は、口頭でも説明をした方がよいと思います。

5　重大事態GL 32-33頁参照。

chapter5

3 ヒアリングの実行

ポイント

○ヒアリングの時間は短いほうがよい。同じ人に複数のヒアリング
をすることもなるべく避けたほうがよい。

○校内のヒアリングでは、途中で誰も入ってこないような場所を選
ぶ必要がある。

○人数は、複数人で対応するのが望ましい。

○ヒアリングは一問一答を心掛け、なるべく回答者を誘導すること
のないように留意する。

(1) ヒアリングを行う環境

　ヒアリングの準備ができたら、いよいよヒアリングを行う段階です。ヒ
アリングは、回答者に精神的・体力的な負担をかけます。そのため、ヒア
リングを行う環境にも多少の配慮をすることが望ましいと思います。

ア　時間、回数

　ヒアリングに要する時間は、短い方が望ましくはあります。あまりに長
いと負担が大きくなるためです。また、実際問題として、そこまで長時間
の時間を確保することが難しいということもあります[6]。重大事態GLでは、

6　國吉正彦「いじめ問題と向き合う―中学校の現場から―」『スクール・コンプライアンス
　　研究』第8号、2020年、43頁参照。

「全体として1時間以内で終わるようにし、長時間にわたる場合には途中で打ち切り複数回に分けて行う。」とされています[7]。一方、ヒアリングすべき内容が多い場合、どうしても1時間では収まりきらないこともありますので、1時間を厳守する必要はなく、回答者の負担を考慮して時間を調節することが重要です。

　なお、**同じ人に複数回ヒアリングすることも、なるべく避けるべきです。**回答者の負担が大きいという意味もありますが、複数回に分けると、意図的か否かにかかわらず、回答内容が変遷することがあるからです（もちろん、体調等の理由からどうしても複数回同じ人にヒアリングせざるをない場合はあります。）。そして、短時間かつ1回でヒアリングするためには、質問内容の精査等の事前準備が大事になります。

イ　場所

　学校主体の調査の場合、基本的には校内でのヒアリングになるかと思います。しかし、ヒアリング内容には大変センシティブな内容が含まれますので、他の人に盗み聞きされることは避けなければなりません。そのため、**ヒアリング途中に誰も入ってこない場所を使用するようにしましょう。**誰か来るかもしれない場所（放課後の教室など）を使用することはおすすめしません。

　また、あまりにも狭い空間だと子どもに圧迫感を与えてしまうことがあります。大きな会議室を使用する必要まではありませんが、子どもへのヒアリングの場合は、ゆとりを持ったスペースのある場所の方が良いと思います。

7　重大事態GL 33頁。

ウ　人選・人数

　当然、誰が話を聴くかによって子どもの話しやすさが変わります。まずは、**誰がヒアリングすることで一番話を引き出しやすいか、という観点からヒアリング実施者を選出することが良い**と思います。また、ヒアリングの中立性を重視して、（調査メンバーに第三者の専門家がいるのであれば）調査メンバーとなっている第三者が主にヒアリングをすることもありえます。特に、学校教職員にヒアリングを行う場合は、調査メンバーとなっている第三者がヒアリングを行う意義が大きいように思います[8]。

　ヒアリングは、**基本的には複数人で対応することが望ましい**ように思います[9]。もっとも、あまりに多人数に囲まれてしまうと、それはそれで圧迫感を与えることになってしまいます。ヒアリング場所や子どもの個性によっても変わりますが、**特別な事情がない限りは、2〜3人での対応が多い**かと思います。なお、複数人で対応する場合、それぞれの実施者から矢継ぎ早に子どもに質問をすると、内容が散らかってしまう可能性があります。時間も限られていますので、あまり合理的ではありません。例えば、主に質問を行う人を一人決めておき、その他の人は、その質問の補充をする、という形であらかじめ役割を決めておくと、予定どおりに進めやすくなるかと思います。

　また、座る位置に注意する必要がある場合もあります。例えば、質問者と回答者の距離がある程度離れていた方がよいのか、それとも比較的フランクな状況を作るために質問者と回答者の距離を近づけておいた方がいいのかという点、真正面に座ってヒアリングをした方が良いのか、ハの字型に座った方が良いのか、それとも教員の一人は子どもの傍に座った方が良いのかという点です。

8　重大事態GL 33頁。
9　重大事態GL 33頁。

オ　保護者の同席を認めるか

　子どもへのヒアリングの場合、保護者が同席を求めることがよくあります。保護者の同席を認めるメリットは、何よりも子どもの安心です。かしこまってヒアリングをされると緊張してしまう又は怖がってしまう子どもも多いため、そのような不安を解消してより自由に話してもらう手段の一つとなります。しかし、デメリットもあります。それは、保護者が子どもの横から話しかけることで、**子どもの体験どおりの回答にならない可能性がある**ことです。子どもへのヒアリングでは、直接の体験者である子どもに回答してもらう必要がありますが、回答に逡巡する子どもの様子を見て、どうしても我慢しきれずに、横から誘導や補足をしてしまうことがあります。また、事案の内容や保護者と子どもとの関係性によっては、保護者がいない方がむしろ話しやすい、ということもあります。

　そのため、子どもへのヒアリングの場合であっても、**まずは、同席者を付けることなく、一人で話してもらうことを検討すべき**でしょう。そのうえで、子どもの方から、一人では不安で、横に保護者がいてほしいという希望がある場合には、回答内容については保護者が途中で口を出さないということを約束した上で同席を認める、という対応を検討することべきでしょう。なお、同席の希望は、保護者ではなく、子どもの意思を基準とすることが前提です。保護者において言いたいことや補足したいことがあるのであれば、子どものヒアリングとは別に、保護者からのヒアリングの機会を設けることが本筋です。例えば、保護者同席の場合、まずは子どもからのヒアリングを行い（この間、保護者は途中で口を挟まない。）、その直後に保護者のヒアリングを行うことで補完する、という対応が考えられます。

カ　ヒアリング中に資料の閲覧を認めるべきか

　ヒアリングは、本人の記憶に沿って回答してもらいますが、時間が経過していて覚えていない等の理由で、資料を見ながら回答して良いか、と尋

ねられることもあります。確かに、記憶を呼び起こすために資料を見ることを認めることはあります。ただし、その**見ている資料が何であるのかは、ヒアリング実施者において確認しておく**必要があります。例えば、保護者の作成したメモを見ながら子どもが回答することは、保護者の主観と子どもの記憶が入り混じってしまうおそれがありますので、避けるべきでしょう。

　また、調査組織が保有している証拠資料をヒアリング中に使用する場合もあります。例えば、回答内容が客観的資料から認定できる事実と矛盾している場合です（出欠簿上の欠席日に登校したと回答した場合等。）。ただし、証拠資料には他の人の個人情報やプライバシーに関する情報が含まれている可能性もありますし、調査の経過によっては見せるべきではない資料もあります。どの資料を見せるべきかについては、可能な範囲で、あらかじめ確認しておきましょう。

キ　オンラインとすべきか

　登校できない等の理由で、ヒアリング実施者と子どもが直接会うことが難しい場合もあります。そのような場合には、オンライン会議システム（zoom等）を利用したヒアリングを検討することがあります。もっとも、少なくとも子どものヒアリングについては、オンラインではなく直接会うことを原則とした方が良いというのが、私見です。オンラインで顔も見えるし、直接会うのと代わりないのではないか、という考え方もあると思いますが、ヒアリングで得られる情報は、言語の情報だけではありません。**回答者の態度、表情、声色等も、ヒアリングで得られる情報の一つ**です。特に、子どものヒアリングではそういった機微が大変重要になることもあります。そして、そのような非言語コミュニケーションにより得られる情報は、現代の技術であっても、対面の方が得やすいです。

　もちろん、事情に応じてオンラインでヒアリングを実施する場合はあり

ますし、それが全く不適切な調査であるというわけでもありません。ただ、対面とオンラインのヒアリングは全く同じではない、ということは押さえておいてほしいと思います。

(2) ヒアリングの進め方

上記ヒアリング事項メモの例に記載しているとおり、まず①ヒアリングに関する説明を行ってから、②事実関係を確認する質問を行います。それぞれの主な内容は、以下のとおりです。

ア ヒアリングに関する説明

何のためのヒアリングなのか、このヒアリングがどう扱われるのか、といったヒアリングに関する説明を行い、心理的安全性を確保するように努めます。具体的には、録音の説明、活動目的の説明、回答に関する説明等です。

（ア）録音の説明

ヒアリングの内容を記録化することは大変重要です。そのため、録音することの説明とその承認を得るようにします。なお、ヒアリングに関する事前説明部分も記録化することが重要ですので、初めに録音の同意を得るようにしましょう。

また、本章のコラムで説明するように、**録音する際は、許可を取ったうえで行うことが基本**です。仮に、録音の同意が得られなかった場合、まずは、録音は客観的かつ正確に記録するために行うために必要であること等を説明して、再度説得を試みるべきでしょう。それでも録音することについて拒否された場合は、強制することはできませんので、ヒアリング結果メモを作成する方法によらざるをえません。その場合、**「録音の承認が得られなかったため、録音をしていない」**ということを、**必ずヒアリング結果メモに書き留めておきましょう。**

一応、後述する供述録取書を作成することや「録音の許可が得られなかったため、録音をしていない」というメモについて回答者に確認してもらい、確認したことを証明するために署名をもらうこと等を検討する余地がありますが、実際には、そのような対応すら難しい場合もあると思います。

また、子どものヒアリング同席する保護者等から、「録音を承諾する代わりに、こちらも録音して良いか？」と尋ねられる場合もあります。一般論としては、**ヒアリング対象者側の録音を許容することは、あまり望ましくはありません**。その録音内容を他のヒアリング対象者等に共有されてしまうと、その回答に合わせた回答をするように準備ができてしまう等、調査に影響を及ぼしかねないからです。また、ヒアリング対象者以外の子どもの個人情報が流出してしまう可能性やプライバシーが侵害されてしまう可能性もあります。他方、ヒアリング対象側の録音を拒否するのであれば、ヒアリングに応じない、という対応が取られることもあります。そのような事情もあって、実際の調査では、相手方の録音を認めているケースも少なからずあるように思われます。**仮に相手の録音を認める場合には、他者への流布の可能性等を考慮して、第三者への共有をしないように、保護者等に誓約してもらう**対応が考えられます。

なお、何も言わずに秘密録音している可能性もありますので、常に「秘密録音されているかもしれない」という意識でヒアリングに臨むことを、強くおすすめします。

（イ）活動目的の説明

アンケート調査と同様、重大事態調査の一環としてヒアリングを行うことや活動目的の説明を行います。他方で、特に、第三者である児童生徒へのヒアリングの場合、対象児童生徒・保護者の希望等を踏まえて、事案内容が拡散されることを避ける必要がある場合等は、あえて**「いじめ」や「重大事態」という言葉を使用せず**、「対象児童生徒への支援や今後の対策のため、学校として、対象児童に関して何があったのか、という事実関係

を把握しようとしている。」等と**言い換えてヒアリングする**こともあります。

（ウ）回答の扱いに関する説明

重大事態GLには「聴き取りの対象となる児童生徒等から誰にも言わないのであれば聴き取り等に応じるとの要望がある場合には、どこまでであれば対象児童生徒・保護者に伝えてよいかなどの確認を行いながら聴き取りを行う。」という記載もあるところ[10]、回答内容を他の者（特に対象児童生徒の保護者）に伝えてよいかどうか、迷う場面があります。

前提として、**対象児童生徒・保護者であったとしても、ヒアリングした内容そのものを伝えるということには非常に慎重であるべき**です。個人情報やプライバシー保護の点で問題があることはもちろん（第7章も参照）、ヒアリングの回答内容を秘密にすることは、回答者に萎縮せずに話してもらうために重要であるからです。当然、ヒアリングの中で出てくる情報は、対象児童生徒側にとって良い情報ばかりではありません。場合によっては、回答内容を伝えられてしまうと対象児童生徒・保護者から訴えられるのではないか、と考えることもあります。強制力に乏しく、任意の協力で成り立っているいじめ調査において、回答内容の秘密を守ることは、必要な情報を得られるようにするために非常に重要なことです。

実際、回答内容が他の子どもや保護者に伝わってしまわないか、ということを気にする人は多くいます。当事者ではない第三者のヒアリングの場合、「学校からは『●●さんはこう言っていました。』と回答者名を明かすことはしない。」と伝えることが可能な場合もあります。その場合、**「回答者名を明かさないことを条件に、ヒアリングに応じてもらった」**ことも記録に残す必要があります。

ただし、その情報を知っている者が限られている場合は、どうしても事実認定上、誰が回答したのかある程度特定できてしまうこともあります。

10　重大事態GL 34頁。

回答内容の秘密を守ることが重要である一方で、常に確約することができるわけではないことにも注意してください。

　また、回答者によっては、回答すること（しないこと）によって成績等に何らかの不利益があるのではないか、ということを気にする場合があります。そのような不安を払拭するために、「回答した（又は回答しなかった）からといって、そのことを理由に成績を下げるということはない」ということをあらかじめ話しておくこともあります。ただし、（特に私立学校の場合）実際に行ったいじめの内容によっては、懲戒処分をすることもありえます。懲戒処分の見込みがある場合、このように話しておくことはできませんので、注意してください。

　また、重大事態GLでは、アンケート調査の場合と同様、調査結果を対象児童生徒・保護者や関係児童生徒・保護者に説明する可能性があることや公表の可能性等についても説明をすることも求められています[11]。

（エ）ヒアリングのルールに関する説明

　回答に使用する言葉遣いは人によって様々でその人ごとに含んでいるニュアンスは異なります。**少しでも客観的に判断できるよう、ヒアリングにおけるごく簡単な約束事を示しておくとよい**と思います。例えば、「質問の意味がわからない場合には、正直に『質問の意味がわからない』と言ってください。」、「わからない場合や記憶がない場合は、正直に『わからない』、『記憶がはっきりしない』と答えてください。」です。これによって回答がしやすくなりますし、「その事実はない」なのか「あるかもしれないが覚えていない」なのか、といったニュアンスの区別もしやすくなります。

　また、保護者からのヒアリングの場合、情報源である子どもから聞いた話なのか、それとも保護者本人が直接体験した事実であるのかが、わかりにくいことがあります。そのため、「保護者自身が体験したことなのか、

11　重大事態GL 33頁。

それともお子さんから聞いた話なのか、ということも明らかにして教えてください。」と初めに伝えておくことも大事です。

イ　事実関係を確認する質問

　ヒアリングの説明を一通り終え、いよいよ具体的な質問を行います。基本的には、ヒアリング事項メモで検討したとおりに進めます。

　（ア）当事者関係

　現在の体調や状態はどうか、相手の当事者とはどういう仲であったか等の確認です。もっとも、学校主体の調査の場合は、既に把握していることも多いため、他のヒアリング事項との兼ね合いで省略して進めることもあります。

　（イ）いじめの事実関係等について

　ヒアリングの中心的な事項です。聴く内容はヒアリング事項メモの記載のとおりです。他方、質問の仕方についてはいくつかの注意点がありますので、後に説明します。

　（ウ）学校の対応状況等について

　前述のとおり、当事者（特に対象児童生徒）からは、いじめ行為に関する学校の対応を確認することがあります（必要がない場合は省略することも十分ありえます。）。

⑶　ヒアリングの方法（尋ね方）

　ヒアリングでは、実際にどのように質問するか、という尋ね方の問題があります。これは、**質問の仕方で回答が変わってしまう**からです。人の記憶には誤りが混入しやすいので、「自分の記憶のとおりの事実を答えるのだから、どんな質問をしてもきちんと記憶のとおりに答えられる」というのは、フィクションです。そのため、尋ね方には注意が必要です。

　なお、子どもの場合は特にそうですが、大人の場合であっても、質問の仕方である程度、回答を誘導できてしまいますので、子どものヒアリングだけではなく、ヒアリング全般で注意すべき問題です。

　なお、以下の尋ね方の技術は、主に裁判での尋問技術を参考にしています[12]。

ア　一問一答を心掛ける

（悪い例）

実施者：Ｙから殴られたって言っていたけれど、いつどこで、どんなふうに殴られたの？

Ｘ：（回答）

（修正例）

実施者：Ｙから殴られたって言っていたけれど、いつ殴られたの？

Ｘ：（回答）

12　高野隆・河津博史『刑事法廷弁護技術　第2版』2024年、日本評論社、97頁〜281頁、日本弁護士連合会『法廷弁護技術　第2版』日本評論社、2016年、105頁〜170頁等。ヒアリングの技法の説明としては、堀切忠和『3訂　教職員のための学校の危機管理とクレーム対応─いじめ防止対策推進法といじめ対応を中心に─』日本加除出版株式会社、2024年、80頁〜100頁等も参照。

> 実施者：どこで殴られたの？
>
> X：（回答）
>
> 実施者：殴られたのはどこ？
>
> X：（回答）
>
> 実施者：どっちの手で殴られたの？
>
> X：（回答）

　もっとも重要かつできていないことが多いのが、一問一答です。**一つの質問につき一つの事実の回答を得る、ということを心がけましょう**。複数の回答を求める質問だと、質問自体が不明確になりがちで、また回答も不明確になりかねません。曖昧な回答だと、事実認定で困ることにも繋がります。**5W1Hを一つ一つ丁寧に確認する、という意識を持つとよい**と思います。

　また、関連して、事実確認の途中で子どもに指導をすることも避けた方が良いと思います。あくまでヒアリングは、話を聴くことが目的だからです。指導が必要であると思われても、それは事実確認を終えた後に行うべきでしょう。

イ　なるべく誘導しない

> （悪い例）
>
> 実施者：Yから殴られたときに、「お前ウザいよ」って言われたんだよね？
>
> X：（回答）
>
>
> （修正例）
>
> 実施者：Yから殴られたときに、Yは何か言ってた？

X：（回答）

　誘導質問とは、質問者の希望する答弁を暗示する質問形式のものをいいます[13]（民事訴訟法上の「誘導質問」[14]の定義ですが、特に変えるべき理由もないため、本書でも同様の定義で使用します。）。なぜ誘導質問が適切ではないかというと、質問者の欲しい回答を暗示しているので、回答がその暗示に引っ張られてしまう可能性があるからです。

　誘導質問かどうかのごく大まかな見極め方は、はい/いいえで答えられる質問かどうかです。そのため、疑問詞を使用した質問（WH質問）を心掛けると良いと思います。この、はい/いいえで答えられる質問を「クローズドな質問」、答えられない質問を「オープンな質問」と呼ぶことがあります。クローズドな質問は誘導質問になりやすいため、オープンな質問を心掛ける、という言い方をよくされます。重大事態GLでも、「オープンな質問（二者択一ではなく回答内容が子どもに委ねられる質問）をする」とされています[15]。

　もっとも、実際にやってみるとわかると思いますが、クローズドな質問をせずにヒアリングを行うことは、非常に難しいです。難しい理由の一つとして、オープンな質問では、回答者が何を答えたらよいのかわからなくなってしまうことが挙げられます。例えば、殴られたシーンの詳細を聴きたいとき、「Xは、Yに何をされたの？」といった質問が考えられます。オープンな質問ではありますが、Xとしては「何って何？」となり、何を答えていいのかわからなくなってしまう、ということになりかねません。

　また、そもそも両当事者が争っていないことや周辺事情の些末なことについても全てオープンな質問で聴いていては、ヒアリングの時間がいくらあっても足りません。

13　秋山幹男ほか編『コンメンタール民事訴訟法Ⅳ［第2版］』有斐閣、2019年、250頁参照。
14　民事訴訟規則115条2項2号。
15　重大事態GL 33頁。

そのため、いじめの行為で双方の言い分に食い違いがある箇所等、重要な部分を聴く場合にはオープンな質問を行い、もし**オープンな質問で回答が出なかった場合は、少しずつクローズドな質問を混ぜながら質問を進める、という程度に考えた方が、実際には進めやすい**と思います。

　なお、誘導質問と同じ理由で、回答者が言い淀んでいる言葉を質問者が補足することも避けるべきです（例：X「Yから殴られたときに……」―実施者「『お前ウザいよ』って言われたんだよね？」）。

ウ　誤導しない

> （悪い例）
> 実施者：どうしてXは、サッカーをしているときにYの背中に乗っか
> 　　　っったり、Yの脚を蹴る真似をしたりしたの？
> X：（回答）

　一定の場合にはクローズドな質問をせざるをえないこともあります。しかし、**当事者間に食い違いのある事実やまだ回答を得ていない事実が存在することを前提とする質問（誤導質問）は絶対に避けなければなりません。**クローズドな質問でないとしても許されません。回答者としては、誤った事実が前提になるため、回答を歪めるからです。

　上記の例で言えば、第3章の冒頭のとおり、Xは、Yの背中に乗っかったことやYの脚を蹴る真似をしたことは否定していました。そのため、これらの事実があることを前提とした質問は避けましょう。

エ　一部始終を話してもらってから細部を聴く

（例）

実施者：[i]Yから殴られたということについて、確認するね。

実施者：[ii]いつの出来事？

X：10月25日の放課後です。午後3時30分くらいだったと思います。

実施者：場所はどこ？

X：下駄箱の辺りです。

実施者：具体的に、下駄箱辺りのどの位置だったかわかる？

X：6年生の下駄箱のある廊下の少し広くなってる部分です。

実施者：（図面を示して）この図面だと、どの位置？

X：（丸を付けながら）このあたりです。

実施者：Yはどこにいたの？

X：（丸を付けながら）このあたりです。

実施者：[iii]そうしたら、そのとき、XとYの間でどんなことがあったか、全部教えてください。

X：いつも一緒に帰っているZと一緒に帰ろうとして、教室から一緒に帰っていました。そうすると、さっき丸を付けたところにYがいたので、Yの後ろから「またね」って言って、軽く脚でポンってあいさつしたんです。そしたら、Yがふり返って、「お前、ウザいよ」と言っておなかを、こう、ガッて殴ってきました。めっちゃ強く殴ってきたので、すごい痛かったです。

実施者：そのあとどうなったの？

X：痛くてうずくまってしまいました。そしたら、Yはそのままどっかいってしまいました。

実施者：ありがとう。そしたら、細かいところを確認していくね。

実施者：Yを足でポンってしたのは、具体的にどうやったの？

X：右足で、Yの左のふくらはぎ辺りを軽く蹴りました。

実施者：Yを足でポンってしたのは、どうして？

X：あいさつのつもりでした。そういうのが流行ってて。

実施者：「お前、ウザいよ」っていうのは、Yはどんな風に言ったの？

X：そんなに大きな声ではないけど、すごい怒った声でした。

実施者：そのときのYはどんな様子だった？

X：なんかもう、死ね、みたいな顔をしてました。すごい怒ってたと
　　いうか、うっとおしそうというか……

実施者：殴られたのはおなかのどのあたり？

X：このあたり（左の脇腹あたり）です。

実施者：左側の脇腹の辺りだね。Yには、どっちの手で殴られたの？

X：右手です。

（後略）

更に言えば、疑問詞を使う質問をしていれば良いというわけでもありません。上記アの修正例のように一連の出来事を細切れに分解するのではなく、上記エの例のように初めに全体として何があったのかを自由に話してもらう質問の仕方が理想的です。**回答者の視点の全体的な事実関係を自由に話してもらう方が、行為の状況やなぜその行為をしたのかということを、より臨場的に掴みやすくなる**からです。重要な出来事やピンポイントで確認したい事実については、一連の出来事を話してもらった後に、細かく確認します。

　もっとも、いきなり「何があったのか話してください」と質問したとしても、回答者もどこからどこまで話していいのかわかりません。また、行為の行われた場面が共有できていなければ、せっかく話してもらった状況がよく掴めないことにもなってしまいます。つまり、自由に話してもらうためには、まず回答者に話してほしい場面の設定をする必要があります。

具体的には、

①まず、その主題を確認し、

②行為に関する日時、場所等、その場の状況を確認した上で、

③起こった出来事の一部始終を話してもらう[16]

という流れで確認します。場面が切り替われば、また①～③を繰り返します。

　上記の例で言えば、（ⅰ）が①、（ⅱ）以下が②、（ⅲ）以下が③になります。（ⅲ）以下の部分では、出来事全体の話が終わった後、細部を確認しています。ちなみに、上記の例では、XがYに殴られたと主張していること自体は確認済みであるため、主題の中で出来事を特定するために「XがYに殴られたことについて」と設定しています。

　もっとも、実際には、常にうまく回答が導き出せるわけではありません。不規則な回答をしたり、こちらが聴いていないことを勝手に話し始めたり、様々な要因でうまくヒアリングできないこともあります。弁護士であればともかく、教職員がヒアリングを担当する場面では、少々難しい技術であるようにも思います。まずは、一問一答で聴く、なるべく誘導質問を避ける、誤導しない、といったことを心掛けてほしいと思います。

　なお、生徒指導提要でも、オープンな質問（自由再生質問）の流れとして、まずは自由に話してもらい、更に詳しく聴く方式が説明されています[17]。ただし、生徒指導提要では、初めから「何があったのか、覚えていることを最初から最後まで全部話してください。」と大括りの質問をしているので注意してください。

　また、被害事実の調査のための面接方法として司法面接という技法があります（生徒指導提要の記載も、司法面接をベースにしていると思われます。）[18]。この司法面接の技法を、いじめ事案のヒアリングに応用するとい

16　高野隆・河津博史『刑事法廷弁護技術　第2版』2024年、日本評論社、101頁～110頁参照。

17　生徒指導提要160～163頁、重大事態GL 34頁。

う議論もあります[19]。

　また誤解のないように付け加えると事実関係を確認する場合は、多少の場面の設定をした方がよい場合が多いと思いますが、本人の今の気持ちを確認したい場合等、あえて場面の設定をせずに話してもらう方が聴き取りやすい場合もあります。

18　生徒指導提要161頁。
19　仲真紀子『子どもへの司法面接 -- 考え方・進め方とトレーニング』有斐閣、2016年や仲真紀子「子どもの話を聴くための手法と実践例」『家庭の方と裁判』20号〜42号（隔号連載）等参照。

4 ヒアリング結果の記録

> **ポイント**
> ○ ヒアリング結果の記録には、実施者の主観が入らないよう留意する。その点を考慮すると、まずは反訳書の作成が考えられる。
> ○ 時間と労力の都合で難しい場合は、録音の音声データは取りつつ、「ヒアリング結果メモ」を作成することも考えられる。
> ○ ヒアリング結果メモを作成する場合は、ヒアリング前に作成した「ヒアリング事項メモ」に回答を書き入れていくのが効率的である。

　ヒアリングした内容は調査資料にしなければなりませんので、記録化する必要があります。録音データ自体がヒアリングの記録ではありますが、録音データではいつ何を言っていたかをすぐに確認することが難しいので、便宜上、書面での記録化をすることが一般的です。記録化の方法としては、反訳（録音した音声の文字起こし）をする方法やヒアリング実施者がその回答をまとめて、ヒアリング結果メモを作成する方法等があります。

(1) 録音の反訳

　まず初めに考えられるのが、**反訳書の作成**です。録音した音声をそのまま文字に起こすため、実施者の主観が入る余地がほとんどなく、言った・言わないの水掛け論を回避できます。
　もっとも、反訳には欠点もあります。一番大きな欠点は、時間と労力が

非常にかかることです。1回のヒアリングで1時間、場合によってはそれ以上ある録音が作成され、しかもそれがいくつもあります。反訳作業だけで何時間も時間が取られることになります。

現在は、AI音声認識によって自動で文字起こしを作成してくれる機械もありますので、このような機械を利用することも考えられます。ただし、現代の技術であっても音声認識の精度は製品によって区々ですし、予算の問題もあります。

なお、第三者委員会による調査の場合は、反訳書まで作成している場合がほとんどであるように思います。日本弁護士連合が作成した第三者調査に関する指針にも、事情聴取をした際の反訳書等の作成が明記されています[20]。

(2) ヒアリング結果メモ

上記のとおり、反訳には時間がかかりますので、**反訳ができあがる前の検討のために、ヒアリング結果メモを作成する**場合があります。また、労力の都合で全ての文字起こしが難しい場合は、後でメモの内容を確認できるように録音の音声データは取りつつ、文書としてはヒアリング結果メモを残す、という方法も考えられます。

この方法による場合のメリットは、**反訳の作成に比べて、記録化の労力が少ない**ことです。他方、このメモの作成者はあくまでヒアリング実施者であって、回答した本人ではありません。そのため、実際に回答した内容とメモの内容が異なる可能性があります。

ヒアリングメモの作成方法もいくつかありますが、ヒアリングの前に作成したヒアリング事項メモにそれぞれ回答を書き入れていく方法が、一番簡単で、かつ整理も早いと思います。

---

20 日本弁護士連合会・前掲3章註27、6頁。

（例）ヒアリング結果メモ

第2　ヒアリング事項

（前略）

2　いじめの事実関係等について

(1)「10月25日の下校時、下駄箱付近でYから、『お前、ウザいよ』と言われて殴られた」ということについて

ア　時間
・「下校時」とは何時何分頃のことか
　→10月25日午後3時30分頃

イ　場所
・「下駄箱付近」とは具体的にどこか
　→別紙の図面参照。

ウ　態様
・「お前、ウザいよ」という発言の口調はどうであったか
　→とても怒った様子
・声の大きさはどうであったか
　→大きくはないがXにははっきりと聞こえる程度
・そのときのYの表情はどうだったか
　→怒っている（「死ね」みたいな表情？）
・「殴られた」というのは、どちらの手で殴られたのか
　→Yの右手

・どこを殴られたのか

　　→左の脇腹の辺り

・その強さはどうであったか

　　→かなり強め（その後その場にうずくまった）

・何回殴られたのか

　　→１回

（後略）

（3） 供述録取書

　いじめ調査ではあまり見かけませんが、供述録取書を作成するという方法もなくはありません。供述録取書とは、捜査機関が聴取を行った際に作成する形式の書面です。具体的には、ヒアリングをした内容をヒアリング実施者が書面にまとめ、その内容を回答者が確認して、その内容に誤りがなければ署名と押印をもらう、という方法です。録音ができない場合には検討してもよい方法かと思います。

　もっとも、署名や押印を求める点で、大人へのヒアリングで検討することが主になると思われます。

供述録取書

日時：20●●年●月●日
場所：●●室
時間：●時～●時
供述者：●●
実施者：●●

第1　供述内容
（中略）

供述者の目の前で、上記のとおり口述して録取し、読み聞かせ、かつ、閲読させたところ、誤りのないことを申し立て、末尾に署名押印した上、各ページ欄外に押印した。

供述者　　（自筆署名）　印

⑷陳述書

　また、回答者の側から陳述書が提出される、ということもあります（書面の題名は様々です。）。いじめの調査では、ヒアリング後に回答内容の趣旨を明確にするために提出される場合が多いかと思います。この資料自体は一つの有力な資料とはなります。

　もっとも、陳述書と当時の回答内容が異なっていたり、ニュアンスが変わってしまっていたりすることは、よく起こります。その場合、陳述書とヒアリングの回答のどちらを信用すべきか、という問題にも発展しかねません。そのため、**陳述書が出されたからと言って、ヒアリング結果メモや反訳が不要になるわけではありません**ので、注意してください。

　また、ヒアリングで聴くよりも、書面に書いてまとめたものを見た方がわかりやすい情報もあります。例えば保護者が、学校に、いつ、何を連絡したか等、細かくかつ量の多い情報です。このような情報については、ヒアリングで逐一明らかにすることは難しいため、保護者側にて書面でまとめてもらうことがあります。

5 ヒアリングにおける配慮

> **ポイント**
> ○回答者の心身の不調等によりヒアリングができない場合は、質問用紙を送って回答してもらう方法等が考えられる。
> ○それでも、少しの時間でも本人と直接またはオンライン等でお話をできないか改めて確認するとよい。
> ○ヒアリングを行ったことによる噂話等の二次被害を防ぐことは大変難しく、その点も踏まえて、調査内容の公表範囲等を事前に検討しておく必要がある。

(1) 精神が不安定なヒアリング対象者に対する配慮

　本来はヒアリングをして直接話を聴くべきであるが、心身の不調等（いじめのことがフラッシュバックする等）のために、ヒアリングができない、という場合があります。そのような場合に無理に長時間ヒアリングをすることはできません。そのような場合には、第4章3(1)のとおり、**質問用紙を送り、これに回答してもらう方法**を採ることがあります。

　ただし、**この方法はヒアリングを完全に代替できるものではない**ことには注意してください。特に、ヒアリングに比べて、本人の意思なのか保護者の意思なのかがわからなくなってしまう可能性が高いことが一番の難点です。また、回答は文字上の情報でしかなく、非言語コミュニケーションによる情報が全く得られません。ヒアリングに比べて、得られる情報がど

うしても少なくなってしまいます。そのため、この方法によって回答を得た場合であっても、ほんの少しの時間でも、オンラインでも、**本人とお話をする機会を設けられないか、改めて確認する**ことが大事です。もちろん、それでも直接話を聴くことができない場合（ドクターストップがかかっている場合等）もありますので、無理強いをする必要はありません。

（例）質問用紙（心身の不調のためにヒアリングに応じられない場合）

202●年●月●日

●●様

●●さんへの質問事項

●●市立A小学校

校長　●●　●●

第1　ご質問の趣旨

1　目的

　この質問は、だれかに責任を負わせたりすることを目的とするものではなく、事実の把握、●●さんへの支援や再発防止の検討のために行っているものです。

2　ご回答の内容について

　質問に対しては、覚えていらっしゃることを、なるべく具体的に教えてください。いわゆる5W1Hがわかるようにご回答いただけますと、とてもありがたく思います。

　調査の進行に応じて、再度ご質問させていただく場合がございます。

3　ご回答の記載方法について

　ご回答は、各質問の下の空欄にお書きください。もし書く場所が足りなければ、他に紙をつけていただいてもかまいません。

4　ご回答者について

　ご回答は、可能であれば、●●さんご本人に書いていただけると、とてもありがたく思います。

　ご体調等の都合でご本人に書いていただくことが難しい場合には、保護者様等が代筆していただくことでもかまいません。その場合には、最終ページに、代筆者名を、直筆でご署名ください。

　また、代筆の場合でも、●●さんがお話しくださったことをそのままお書きください。保護者様等から、別途のご意見がある場合は、本書面への回答とは別に書面でおまとめくださいますよう、お願いいたします。（中略）

　ここまでご回答くださり、ありがとうございました。

ご回答者名：

代筆者（代筆した場合のみ）：

(2)　噂話に対する配慮

　子どもへのヒアリングを契機にして、「●●が▲▲をいじめた」等の情報だけが独り歩きすることがあります。大人であれば秘密を保持する誓約書等にサインしてもらう等の対応がありえますが、子どもに誓約書を書かせることは、教育上適切とは思えません。ヒアリングしたこと及びヒアリングの内容を他の子どもに伝えないように念押しをしておくことは当然ですが、果たして口約束で防ぎきることできるのか、という疑問もあります。

　このように、**二次被害を防ぐことは大変難しく、場合によっては避けられないこともある**ということは、押さえておいてほしいと思います。そのため、そもそも調査していることを第三者にどこまで公表するのか、ヒアリングの際に「いじめ」や「重大事態」という言葉を使用すべきか、ということを、あらかじめ検討しておくことが重要となります。

> **コラム**

秘密録音をしてよいか

　録音することは大変重要ですが、相手に承諾を取らずに隠れて録音してもよいのでしょうか。「秘密録音」と言われるものです。

　いじめ調査における秘密録音の問題点は2つ考えられます。一つは、①秘密録音した録取内容を事実認定に使用して良いのか、もう一つは、②秘密録音自体が違法（不法行為等）で、損害賠償請求の対象となるのではないか、ということです。なお、重大事態GLでは、「録音機器の使用について同意を得るとともに調査以外では聴き取り内容を活用しないことなどを説明する。」とあり、同意を得ること（得ることができること）が前提となっています[21]。

　①について、いじめ防止法案の確立した法解釈はありませんが、裁判における証拠の場合、捜査機関ではない私人の秘密録音のテープは、証拠能力（裁判において証拠として用いられる資格のことです。）を一律に失うわけではありません（刑事事件において、捜査機関が秘密録音した場合は刑事訴訟法上の別の問題がありますが、割愛します。）。特に民事訴訟では、無断で録取された録音テープの証拠能力について、「録音の手段方法が著しく反社会的と認められるか否かを基準とすべき」とし、結果、証拠能力を認めた裁判例もあります[22]。しかし、逆に証拠能力を否定した例もあります[23]。いじめ調査は訴訟ではないので、これらと全く同じに考えることはできませんが、秘密録音した録取内容を事実認定のために使用した場合、調査報告書の内容に疑義が生じ、再調査等で不適切性が指摘される可能性は、ぬぐい切れません。

　また、②について、秘密録音の方法や内容によっては、秘密録音したこと自体が不法行為であるとして、損害賠償請求の対象となる可能性も否定

21　重大事態GL 33頁。
22　東京高判昭和52年7月15日東高民28巻7号162頁。
23　大分地判昭和46年11月8日判時656号82頁。

はできません。

　そうすると、少なくともいじめ調査の中での録音に関して言えば、基本的に相手に承諾を得てから録音をすべきであると考えます。暴力、暴言がなされる可能性があり、学校として自衛しなければならない等の特殊な事情がある場合はもちろん別ですが、承諾が得られなかった場合は、ヒアリングの録音は避けた方が良いと思います。録音ができなかった場合の記録化の方法については、本章を参考にしてください。

　なお、いじめ調査の文脈ではありませんが、保護者との面談等において、保護者による秘密録音の可能性があること、反対に学校としても録音（ないしは秘密録音）を行う必要性がありうる、という見解もあります[24]。

24　神内・前掲2章註12、82頁。

第**6**章

調査報告書を作成する

chapter **6**

1 調査報告書とは

ポイント

○調査報告書は、調査結果の報告はもちろん、調査結果が公表される場合の内容の基礎や、再調査があった場合の調査の基礎等、様々な機会で様々な人の目に触れることが想定される。

○第三者が、学校の調査は十分尽くされている、と判断できる報告書を作成することが理想である。

(1) 調査報告書の意義

　調査を全て終えたら、調査資料を検討し、結果をまとめる作業に移ります。**調査の報告先は、国立大学附属学校の場合は文部科学大臣、私立学校の場合は都道府県知事、公立学校の場合は地方公共団体の長**です[1]。また、公立学校・私立学校であっても、これらに加えて国への報告が求められていることは、第1章のとおりです。

　調査の結果は、調査報告書という書面にまとめて報告します。では、調査報告書は、どのように利用されることが想定されるでしょうか。まず、重大事態調査の結果を示すものですので、調査の目的である重大事態への対処や再発防止のために利用されます[2]。また、第8章1で説明するとお

1　いじめ防止法29条～32条参照。

182

り、**調査結果は公表される**ことがありますので、その内容の基礎となります。更に、調査結果の報告を受けた上記の報告先は、必要があると認めるときは、その調査結果について調査（再調査）を行うことができます[3]。つまり、調査報告書は、再調査の基礎にもなります。また、報告先は当事者である児童生徒やその保護者ではありませんが、調査結果の説明が求められています[4]。**調査結果の説明においても、この調査報告書を利用する**ことが、実務上一般的です。また、これは本来想定されている使用方法ではありませんが、いじめを行った児童生徒や学校の設置者等に対する訴訟において、証拠として用いられてしまう場合もあります。

　このように、調査報告書は、様々な人が目にすることが想定されますが、特に、再調査でどう判断されるかという点に着目するとよいと思います。当事者が調査結果の説明に納得してくれるのであればそれが一番良いのですが、現実問題として、当事者が調査結果に納得がいかないということは、珍しくありません。そのような場合、当事者が再調査を求めることが考えられます。再調査は、重大事態調査の調査委員とは全く無関係の第三者が行うことが想定されますから、そのような**第三者が、学校の調査は十分尽くされている、と判断できる報告書を作成する**ことが理想です。

(2) 中間的な調査結果の取りまとめ

　なお、事情によっては、調査の途中、当事者への調査経過を説明する趣旨で、中間的に調査結果をまとめることもあります。その場合の事実認定の方法等も、基本的な考え方は本章の説明と同様です。

2　いじめ防止法28条柱書。
3　いじめ防止法29条2項、30条2項、31条2項、32条2項。
4　重大事態GL39頁。

chapter 6

2 重大事態調査における 事実認定の方法

ポイント

○重大事態調査における事実認定は、調査能力に制限があることか
ら、訴訟における事実認定によりも不正確にならざるをえないが、
その上でも合理性と客観性が求められる。

○事実認定における客観的根拠には、例として「直接証明する客観
的な記録」や「対象児童生徒と関係児童生徒の言い分の一致」「ヒ
アリング結果が信用できる」等が挙げられる。

○ヒアリング結果はそのまま信用できるものではなく、いくつかの
観点からその信用性を判断する必要がある。

(1) 重大事態調査における立証の程度

そもそも、どんな証拠があったら、その事実があったと認定してよいの
でしょうか。事実認定をどのように検討したらよいかというのは、法律上
でもはっきりしません。そもそも、証拠からどんな事実を認定するかとい
うのは、調査組織の自由な心証に委ねられているとも考えられます。しか
し、明らかに客観的証拠と矛盾する事実認定を行う等、あまりにも不合理
な事実認定をすることは問題です。

ア　訴訟における証明の程度

この問題の参考として、訴訟における証明度（訴訟において事実がある
と認定してよい証明の程度）を見てみます。

証明度には高い順に、以下のようなレベル分けがあるとされています[5]。

①自然科学的証明（一点の疑義も許されない）

②合理的な疑いを容れない程度の証明

③高度の蓋然性の証明

④相当程度の蓋然性の証明

⑤証拠の優越ないし優越的蓋然性の証明

刑事訴訟における事実認定では、一般的に②のレベルが求められるとされています[6]。比喩的に90％の証明度と言われます[7]。他方、民事訴訟における事実認定では、一般的に③のレベルが求められるとされており、その判定方法は、通常人が疑いを差し挟まない程度に真実性の確信を持ちうるものであるかどうか、であるとされています[8]。比喩的に80％の証明度と言われます[9]。学説では、民事訴訟においては⑤のレベルが妥当であるとするものもあります[10]。

イ　重大事態調査における証明の程度

まず、いじめの調査では、検察官等のように強制力のある捜査（逮捕、捜索差押等）はできません。**調査能力に大きな制限のあるいじめ調査では、②のレベルの証明を求めることは不可能**です。このレベルを要求してしまうと、ほぼ全ての事案でいじめの基礎となる事実が認められないことにな

5　加藤新太郎『民事事実認定の技法』弘文堂、2022年、44頁参照。

6　最一小判昭和23年8月5日刑集2巻9号1123頁。

7　倉田卓司「民事事実認定と裁判官の心証」判例タイムズ1076号15頁（特に16頁、20頁）、2002年。

8　最二小判昭和50年10月24日民集29巻9号1417頁。「訴訟上の因果関係の立証は、一点の疑義も許されない自然科学的証明ではなく、経験則に照らして全証拠を総合検討し、特定の事実が特定の結果発生を招来した関係を是認し得る高度の蓋然性を証明することであり、その判定は、通常人が疑を差し挟まない程度に真実性の確信を持ちうるものであることを必要とし、かつそれで足りるものである。」

9　倉田・前掲本章註7、16頁、20頁。

10　伊藤眞「証明、証明度および証明責任」法学教室254号、2001年、33頁等。新堂幸司『新民事訴訟法　第6版』弘文堂、2019年、571頁では、比喩的に50％超と表現しています。

りかねません。そうすると、民事訴訟と同じ、③のレベルを要求すること
が妥当であるようにも思われます。

　他方、民事訴訟ほどの証拠の収集手続きすらない重大事態の調査では、
③のレベルで認定を考えてしまうと、一切のいじめの事実が認められない
という場合もたくさんあります。第三者委員会による調査ですら、民事訴
訟に比べて証拠収集方法に限界があること、提供される証拠の信用性が低
いこと、関係者に対する一定の配慮を必要性から事実認定を回避する必要
が生ずる場合があること等から、その事実認定は、民事訴訟に比べると不
正確なものであると評価せざるをえない、という指摘もあります[11]。実際
に、④や⑤のレベルでの事実認定をすることが許されないわけではありま
せん[12]。

　そもそも、**重大事態調査の目的は、事実認定そのものではなく、重大事
態事態への対処や再発防止策の検討**です。不相応に高度な証明の程度を要
求したために全く事実が認定できなかった結果、何の再発防止策も検討で
きなかったというのでは、本末転倒です[13]。そうすると、重大事態の調査
では、訴訟における事実認定よりも不正確なものとならざるをえないこと
を前提として、重大事態調査の目的を達成するために、証明の程度は、あ
る程度流動的で構わないというのが私見です（このような意味でも、調査
報告書を民事訴訟で証拠として使用することは、調査報告書の機能の範囲
外です）。

11　木下裕一『第三者委員会における「いじめ」の事実認定の方法と限界』季刊教育法197号、
　　2018年、36頁（民事訴訟と第三者委員会の調査との比較については、特に38頁以下。）。
12　日本弁護士連合会・前掲3章註27、7頁。「予断と偏見を排し、各種証拠資料を総合勘案
　　し多様な視点をもって合理的判断過程を経て事実を認定するものとする。なお、必ずしも
　　証拠の優越をもって足りるとする見解を排除しないが、この場合は、第三者調査委員会が
　　収集することのできた証拠資料の限りにおいて、どのような証拠を対比し、いずれが優越
　　すると判断したかなどを明示するなどして事実を認定するに至った詳細な経緯を記すこと
　　が望ましい。」
13　木下・前掲本章註11、41頁でも、第三者委員会による重大事態調査では、いじめの有無
　　よりも、いじめが生じた原因、再発防止策の提言等の部分に焦点があてられるべきである
　　としています。

もちろん、だからといって、根拠のない事実を認定することは許されません。重要なことは、その事実の認定する判断に合理性と客観性があるか、ということです。

(2) 事実を認定する主な根拠

抽象的な事実認定の基準がわかったとしても、これだけで実際の事案における事実認定ができるわけではありません。そもそも、事実認定の技法は、ロースクールや司法修習等の法曹養成課程で学ぶ専門的な技法です。そのため、本書でそのような事実認定の技法を十分に解説することはできません。

そこで、以下では、重大事態におけるいじめの行為の事実認定において、よく使用される理由を列挙します。基本的には、民事裁判における事実認定の手法を元にしています[14]。ただし、これらはあくまで例であり、決してそれ以外の事実認定が許されないわけではありません。逆に、以下の理由があるとしても、本当にその事実があったのか疑わしい場合もありますので、注意してください。

ア　その事実を直接証明する客観的な記録がある

例えば、SNSで悪口を書いたという行為によるいじめの場合において、そのSNSへの投稿のスクリーンショットがこれに当たります。その他、殴る行為によるいじめ場合は、殴っている行為が映された防犯カメラ映像が、悪口を言ったという行為によるいじめの場合は、その内容が記録された録音が、それぞれこの客観的な記録に当たりえます。

もっとも、映像や録音が残っている場合であっても、その映っている行為が本当に殴ったといえるのか、録音で残っている音声が指摘のあった発言なのか、といった問題は生じます。場合によっては、編集された可能性

---

14 代表的なものとして、司法研修所『改訂事例で考える民事事実認定』法曹会、2023年。

もあるかもしれません。そのため、このような客観的な記録があるとしても、必ずしも行為をそのまま認定できるとは限りません。

イ　対象児童生徒と関係児童生徒の言い分が一致する

「●月●日12時30分頃に、教室内でαがβの頭を叩いた」という言い分がお互い一致する場合も、基本的にはその事実があったと認めてよいことが多いです。

ただし、本当に一致しているのかどうかについては、注意が必要です。βは「おもいっきり殴られた」と認識している一方、αは「軽く叩いただけ」と認識している、といったように、実は一致していない部分があることもあります。その場合、**どこまでが一致していて、どこまでが一致していないのかが重要**です。

ウ　ヒアリング結果が信用できる

第5章1(1)のとおり、いじめは大人の目につきにくく、客観的な資料がない場合が多いです。

そのため、事実認定の大部分をヒアリングに頼らざるをえません。そうすると、いじめの行為の事実を認定できるかどうかは、その行為があると供述する**ヒアリングの結果**（特に対象児童生徒のヒアリングの結果）が**信用できるかどうか**にかかってきます。

ヒアリング結果の信用性については、後述します。

エ　いくつかの確かな事実から推認できる

上記のとおり、いじめの事実認定の大部分はヒアリングの結果に頼ることが多いですが、その行為があると供述するヒアリングの結果がなかったとしても、一応の認定が不可能ではない場合もあります。ヒアリング結果以外の客観的な証拠や他の子どものヒアリング結果等、証拠から得られる

いくつかの事実から、いじめの行為に関する事実が認定できる場合もあります。特に、対象児童生徒からヒアリングができない場合には、重要な検討事項になります。

（3）　ヒアリング結果（供述）の信用性

ヒアリングで得た回答内容をそのまま信用するわけにはいきません。各**当事者にはそれぞれ利害があり、客観的な事実をそのまま回答しているわけではない**ことがあるからです。意図的でなくとも、無意識の内にバイアスがかかってしまうこともあります。そのため、ある事実を認定する根拠としてヒアリングの回答内容を挙げる場合には、調査組織が、その回答が信用できるかどうかについて検討し、判断しなければなりません。

しかし、信用性の判断は難しく、結論が出ないこともしばしばあります。人によって結論が分かれることもあります。以下では、信用性の検討を補助するために、主な要素を挙げます。こちらも、本章2(2)同様、裁判における事実認定の手法をかみ砕いたものです（参考文献も本章2(2)参照。）。ただし、これらも絶対的なものではなく、結局、個別事案に応じて検討するほかないということには留意してください。

ア　他の証拠との整合性

他の客観的な資料の内容や信用できる**他のヒアリング結果と整合することは、ヒアリング結果の信用性を肯定する大きなポイント**です。逆に、ヒアリングの回答が客観的な資料の内容や信用できる他のヒアリング結果と矛盾している場合は、信用性は疑わしくなります。

その他、複数人のヒアリングの結果、実質的に一致している場合も、各ヒアリング結果の信用性を肯定する一理由になりえます。他方、本当に一致しているのかどうかについて注意が必要であることは、本章2(2)イと同様です。また、口裏合わせをしている可能性がないか、ということも注意

が必要です。

イ　知覚・記憶・表現の条件

特に目撃者のヒアリング結果について、その場面を知覚した状況はどうだったか（近さ、観察した時間の長さ、明るさ等）、またその目撃者自身の条件はどうだったか（視力、観察の意識が向いていたかどうか等）、ということも、ヒアリングの結果の信用性に影響します。

記憶についても、記憶に残りやすい条件があるか、他の事実と混同している可能性がないか、記憶が変容してしまう理由がないか等を検討します。

表現については、記憶のとおりに回答したか等を検討します。誘導質問や誤導質問は、この表現の条件の点で、疑わしいポイントになりえます。

良い条件が確保されていれば、当然、信用性が高まる理由になりえますし、逆に疑わしい場合には、信用性が下がる理由になりえます。

ウ　内容の一貫性

ヒアリングした内容が、全体的に（又は重要な部分において）**一貫しているか、ということも重要なポイント**です。特に、対象児童生徒には重大事態となる前に既に一定の事実確認をしていることもありますので、そのときの回答と重大事態における調査の時点での回答で変遷がないか、ということの検討が必要です。ヒアリング結果が変遷した合理的な理由がない限りは、変遷したヒアリング結果の信用性は下がる根拠となりえます。

エ　ヒアリング対象者の利害関係

特に当事者以外のヒアリング対象者の場合、対象児童生徒や関係児童生徒と**利害関係がないことは、信用性を肯定する理由となりえます**。ただし、単に関係児童生徒（または対象児童生徒）と仲の良い友達だから信用できない、という意味ではありません。具体的な重大事態へのかかわりを踏ま

えて、真実でないことを述べる動機があるか、ということを検討するという意味です。

オ　内容の合理性等

　回答した内容が具体性のあるものであること、自然な内容であること、合理性があること等は、信用性を肯定する理由となりえます。ただし、主観的な要素が多分に含まれていますので、**あまり重視すべき理由ではありません**。

カ　ヒアリング対象者の態度

　誠実に回答しているか、真摯に対応する姿勢があるか等、回答者の態度も、信用性を判断する理由になりえます。教員としては、この要素を重く捉えがちな傾向があるかもしれませんが、これも核心的な要素というよりも、**補助的な理由であると考えた方が良い**と思います。

調査報告書の記載内容

chapter 6 — 3

ポイント

○調査報告書に記載すべき項目は個別の事案により異なるが、一般論として記載した方が良い項目をふまえて確認するとよい。

○事実認定と法的評価は分けて検討し、事実認定だけでなく、どの行為が「いじめ」に該当するかという「法的評価」を落とさないことが重要である。

○学校の対応の検証においては、未然防止、早期発見、発生後の対処の3つの観点から検討する。

（1）　調査報告書の記載項目

　第三者の検証に堪えられる調査報告書を作成するためには、必要な項目を調査報告書に書くことが重要です。しかし、**どのような項目が必要かということは、個別の事案によって異なります**。公表されている調査報告書（第三者委員が作成したものを含む。）を見ても、統一されていません。本書では、記載項目を検討する補助のために一例を示します。**一般論として、右記第1〜第6（特に第3〜第6）に相当する内容はあった方がよい**ですが、このとおりに項目が網羅されていないからといって、必ずしも不適切であるということではありません。

（例　調査報告書の記載項目）

第1　重大事態の判断に関する事項
　1　主体
　2　時期
　3　理由（対象児童生徒・保護者から訴えのあった行為、不登校の期間、いじめ防止法28条1号/2号/1号 & 2号該当性等）
第2　調査組織の活動に関する事項
　1　調査目的
　2　調査組織の構成
　3　調査期間
　4　調査事項
　5　調査方法
第3　いじめに関する事実認定（学校等の対応に関する事実も含む。）
第4　法的評価（認定した事実の「いじめ」該当性等）
第5　学校（及び教育委員会・学校法人等）の対応の検証
第6　重大事態への対処・再発の防止
　1　対象児童生徒への支援・関係児童生徒への指導等
　2　再発防止策

上記に加えて、事案の概要を記載する形式もあります。

その他、地方公共団体（私立学校の場合は、主管している都道府県の部課等）によっては、**調査報告書のフォーマットを用意しているところもあります**。

以下、本章では調査報告書の記載事項とその内容を説明しますが、説明しているとおりの順番・項目で調査報告書を作成しなければならないわけではないことには注意してください。

なお、「1　重大事態の判断に関する事項」については、発生報告書で既に報告済みの事項であるので、説明は割愛します。

　ちなみに、改訂された重大事態GLにも調査報告書の項目例がありますので[15]、こちらの項目例について、いくつか留意点を挙げておきます。まず、「関係児童生徒からの聴取内容」を記載することとされていますが、聴取内容をそのまま記載すると、ヒアリングの秘密を害しかねません。そもそもヒアリングの内容は証拠であって事実ではありません。**調査報告書に記載すべきは、証拠によって認定した事実**です。もちろん、事実認定の過程で参照した証拠を合理的な説明のために指摘することはありますが、ヒアリング結果を列挙することには、慎重であるべきだと思います。

　また、事実認定（証拠からどんな事実が認められるか）と法的評価（認められた事実（行為）が「いじめ」に該当するか）の区別がありません。特に、後者の検討が抜け落ちることのないよう、注意してください。

(2)　調査組織の活動に関する事項

ア　調査目的

　調査の目的は、第3章4(3)イでも説明したとおり、「民事・刑事・行政上の責任追及やその他の争訟等への対応を直接の目的とするものではなく、事実関係を可能な限り明らかにし、その結果から当該事態への対処や、同種の事態の発生防止を図る」ことです[16]。その他、個別の事案によって多少の差はありますが、基本的にはどの重大事態調査であっても変わりません。

　また、上記の目的であるとことを記載したとしても、調査報告書が訴訟上の証拠として利用される可能性はあります。報告書が訴訟の証拠として提出される見込みが高い場合には、「なお、本報告書は、民事裁判及び刑

15　重大事態GL35頁以下。
16　重大事態GL5頁参照。

事裁判における証拠その他上記の目的以外の用途のための資料として利用されることは、いかなる場合においても想定されていない。」等と、**訴訟利用を予定した文章ではないということを明記する**ことも考えられます。ただし、そのように記載したからといって、訴訟上の証拠として使うことができなくなるわけではありません。結局、訴訟で証拠として提出するかどうかは訴訟の当事者が判断することであり、訴訟上の証拠としての価値は、裁判官の判断に委ねられることになります。

イ　調査組織の構成

　学校主体の調査を前提にすると、**①学校主体であること**と、**②調査組織の構成員の名前と役職を記載すること**が一般的であると思います。学校外の専門家が参画しているときは、「●●（弁護士・外部専門家）」等と、外部からの参画であることがわかるように記載しておくとよいでしょう[17]。また、年度を跨いでいる場合は、異動によって構成員が変わっている（又は追加されている）ことがあります。その場合には、調査終了時や調査開始時の構成員いずれかのみを記載するのではなく、関わった構成員全員と関与した期間を記載すべきでしょう。

ウ　調査期間

　調査を行った全体的な期間を記載します。重大事態GLでは調査組織の設置日、調査開始から終了までのスケジュールを記載するとされています[18]。

　スケジュールについては、調査組織の会議日を表にして記載することもあります。また、ヒアリング日も会議日としてカウントしているケースもあります（重大事態GLでは、ヒアリングや調査組織の会議開催日は別項目で記載しています[19]。）。

17　重大事態GL35頁参照。
18　重大事態GL35頁。
19　重大事態GL35頁。

調査開始日は、実際に調査を開始した日付を記載することになります。国への調査開始報告[20]では、「重大事態調査委員会の初回開催日」が調査の開始日となっています。

　調査終了日は、調査報告書を提出するまでは調査が継続していますから、特別な事情がない限りは、提出した日になると思われます。

エ　調査事項

　調査途中で変化がない限りは、調査方針と同様です（第3章4(3)エ(ｱ)）。基本的には、重大事態に係る①事実関係と、②学校の対応の適切性になります。

　なお、調査において、いじめの事実が認定できない場合もあります。その場合、理論上は、「いじめ」もないので再発防止策を検討する余地もない、ということになり、②に記載すべきことはなくなってしまうようにも思います。

　しかし、「いじめ」に該当する事実関係がないとしても、対象児童生徒が不登校になっている、それ以外の子どもたちが傷ついている、という状況がある場合もあります。そのような場合、**「いじめ」があるか否かは別としても、学校として対象児童生徒やその他の子どものために何ができるのか、といったことを検討することもある**と思います。そのような検討を要した場合には、調査事項に③その他、対象児童生徒等に対する本学校の対応の適切性等を挙げることも考えられると思います。

オ　調査方法

　実際に行った調査方法（資料検討、アンケート調査、ヒアリング調査等）を記載します。ヒアリングについては、ヒアリング対象者も記載することがありますが、**個人名を出すことは避けるか、又は仮名処理を行うべき**で

20　国への報告依頼Q&A問3-1。

しょう。

　また、対象児童生徒や関係児童生徒にヒアリングを依頼したにもかかわらず、これに**応じてもらえなかった場合、その旨と理由も記載しておくべき**でしょう。第三者から見ると、対象児童生徒等へのヒアリングを見落としているのか、それとも何か理由があってヒアリングができなかったのかがわからないからです。例えば、以下のような記載が考えられます。

　「児童A（註：対象児童生徒）の聴取を依頼したが、児童Aの保護者からは、精神的な苦痛が大きいために聴取への対応は困難であるとの連絡を受けた。また、直接の聴取ではなく、書面で回答を得る形での調査も打診したが、児童Aの保護者からは、そのような聴取も同様に困難であるとの連絡を受けた。このような事情があったことから、児童Aからの聴取は行わないこととした。」

　なお、直接のヒアリングができず、書面によって回答を貰わざるをえなかった場合も同様に、その理由を記載しておくべきでしょう。

　「関係児童の中には、体調不良等の理由のために、直接構成員が聴取することが困難な者もいた。そのような関係児童への調査方法は、質問事項をまとめた書面を渡し、当該書面に手書きで記入してもらう方法（代筆者がいる場合は代筆者を明記）を採用した。」

(3)　いじめに関する事実認定

ア　記載すべき事実

　調査によって得た資料から、どんな事実が認定できるかを検討し、記載します。認定・記載する事実は、例えば以下のようなものが考えられます。

6章

調査報告書を作成する

① 対象児童生徒に対する行為に関する事実

② 背景事情に関する事実

③ 学校（及び教育委員会・学校法人等）の対応に関する事実

①は、後に「いじめ」であるかどうかという評価をする基礎となる事実関係が主たる内容です。その前後の重要な経緯についても、あわせて記載すると、より解像度の高い調査報告になると思います。

②は、必要に応じて調査から認定できることがある場合もあります。もっとも、認定できたとしても、**記載をするかどうかについては注意を要します**。家庭の事情等、プライバシー性の高い事実が含まれるためです。特に不登校重大事態では、記載してしまうと児童生徒への支援や指導等に悪影響を与えかねないものもあります。そのため、後述する再発防止策の検討等ために必要な事実でなければあえて記載しないという選択もありえます。重大事態GLの改訂を議論したいじめ防止対策協議会の議事録では、いじめを行った児童生徒の背景に関する問題について、苦悩が示されています[21]。

③は、後に行う学校（及び教育委員会・学校法人等）の対応の検証の基礎となるため、事実認定を要します。特に、対象児童生徒・保護者が不満を持っている学校対応などについては、特に調査報告書内で言及する重要性が高いため、事実認定の中で学校等がどのような対応を行ったか、という具体的な事実関係を記載する必要があります。

なお、事実関係をどのように記載するか、という整理の方法は様々ありますが、上記トピックごとに項目を分けて記載する方法や、時系列順に記

---

21 いじめ防止対策協議会（令和5年度）第4回議事録（委員発言）。「…一般的なことで言えば、加害生徒の中には、もしかすると医療的な措置が必要だなと感じる子もいます。ただ…それを客観的に証明するためにやっぱりきちんと医療の検査を受ける等々があるので、それを報告書に載せるということはできない。…そんな中で、加害をした事実のみを書くとなると、…加害生徒がなぜ加害に至ったかというところに全く目を向けられないまま事が進んでいくということにもなり得るかなと思っています。…」

載する方法等が整理しやすいと思います。弁護士が起案する場合であれば民事判決書の様式に沿った記載も考えられますが、本書のコンセプト上、詳細は割愛します。

イ　事実と評価の違い

第4章1(3)で説明したとおり、**「事実」と「評価」は区別しなければなりません。**そして、このことは調査報告書を作成するときも同様です。調査資料から可能な限り、評価ではなく具体的な事実を記載するようにしましょう。ここでも、5W1Hを意識すると良いと思います。

例えば、「無視された」という行為があったと認定する場合には、「●月●日、Aは、クラスメイトに無視された。」という認定ではなく、「●月●日、Aは、クラスメイトのBとCに廊下で話しかけた。BとCは、Aから話しかけられたことを認識しながらも、Aに返事をすることなく、逆方向へ走り去った。」等という認定が理想です。

ウ　事実と証拠の違い

また、**ここで記載するのは証拠から認定した事実**です。「●●（ヒアリング対象者）は■■と回答した。」というようなヒアリングの回答内容そのものではなく、ヒアリングや調査の過程で集めた資料から、いじめに関するどんな事実関係が認められるか、ということを記載します。

ヒアリング結果は、あくまで証拠の一つです。特に、ヒアリングの回答内容をそのまま記載してしまうと、ヒアリング内容の秘密が保持できなくなってしまう可能性がありますので、注意してください。

エ　事実認定の根拠

当事者双方に争いがあり、かつ行為の認定において重要であると思われる事実については、その**認定した根拠を記載することもあります。**事実を

6章 調査報告書を作成する

認定する方法については、本章2を参照してください。この根拠の説明の過程で証拠を引用する場合、関係当事者やその他の者のヒアリング内容に触れることはあります。もちろん具体的に引用せざるをえない場合はありますが、その場合も、ヒアリング内容の秘密には注意してください。

オ　事実が認定できない場合

　もちろん、具体的な事実が認定できない場合もあります。対象児童生徒がいじめであると訴えた行為等、重要な事実について認定できなかった場合には、認定できなかったこと（及びその理由）を記載することが考えられます。ただし、**必ずしも、認定できなかった＝その事実が不存在であるということではない**ということに注意しましょう[22]。調査能力の限界もあるため、認定できない理由は、「その事実を認めるに足りる証拠がないから」が大半です。そうすると、「事実が存在しない」というよりは、「あったかどうかわからない」ということが多いと思います。その場合は、「認定できなかったということは、その事実が存在しなかったということなのか」という誤解を避けるために、「事実として認定することはできないが、●●という行為が存在しなかったということまで結論付けるものではない。」等と記載することが考えられます。

(4)　法的評価（「いじめ」該当性等）

　重大事態調査は、「当該重大事態に係る事実関係を明確にするための調査」であるところ[23]、「重大事態」とは、「いじめにより当該学校に在籍する児童等の生命、心身又は財産に重大な被害が生じた」[24]と「いじめにより当該学校に在籍する児童等が相当の期間学校を欠席することを余儀なくされている」を指します。そのため、当然、認定された事実が、いじめ防

22　重大事態GL37頁参照。
23　いじめ防止法28条1項柱書。
24　いじめ防止法28条1項。

止法2条1項の「いじめ」であると法的に評価できるかどうかは、検討が必要です[25]。

これまでの事実認定では、証拠からどんな事実関係が認められるかということを検討しましたが、いかなる行為が「いじめ」であるかということについては、まだ検討していません。この法的評価は、法律学の領域の問題ですので、外部専門家に弁護士がいる場合は、当該弁護士の助言が重要です。いじめ該当性については、「いじめ」の定義の解説（第1章2(1)）を参照してください。

このように、**事実認定と法的評価は分けて検討すること、どの行為が「いじめ」に該当するかという検討を落とさないこと**に注意しましょう。

(5) 学校（及び教育委員会・学校法人等）の対応の検証

いじめに対する学校や設置者の対応について、振り返って検証します。実際の事案では、対象児童生徒・保護者は、いじめを行った子どもや保護者に対してというよりも、学校のいじめに対する対応に大きな不満を持っていることも多く、調査報告書の中でも学校の対応の検証は重要な位置を占めます。本書では一般的な留意点を説明しますが、結局、どのような事項を検証すべきかということは、個別の事情によって異なります。

ア　形式的な留意点

学校等の対応の検証や再発防止策に関する記述は、調査組織としての意

25　いじめを行った児童生徒を非難できない行為だとしても、いじめと評価せざるをえないことはあります。この場合、定義上「いじめ」には該当するが、特別な指導を必要とするものではない、という旨の記載が考えられます。いじめ該当性を記載しないことも考えられますが、ごまかしに近いため、多用はできません。いじめを行った児童生徒・保護者には、いじめ防止法上の「いじめ」の意義（第1章2(4)）を滾々と説明するほかなく、大変苦慮する部分です。なお、調査の結果認定する「いじめ」は、いじめ防止法2条1項の「いじめ」とは異なるという趣旨のようにも思われる見解も見受けられますが（いじめ防止対策協議会（令和6年度）第2回議事要旨参照。）、他に法律上の規定がない以上、この定義で評価をするほかありません。「いじめをした」というスティグマを押すことの理不尽さは痛いほど理解できますが、この不適切性は、立法上の問題です。

見を述べる部分となります。**認定した事実の記載と調査組織の意見の記載は、分けて記載しましょう**[26]。

イ　内容に関する留意点

　実際に報告書に記載する内容については事案ごとに変わりますので、個別具体的に検討することが必要です。そのような前提であえて指摘するとすれば、学校のいじめ防止法上の義務が、重要な着眼点になります。

　いじめ防止法8条では、「学校及び学校の教職員は、基本理念にのっとり、当該学校に在籍する児童等の保護者、地域住民、児童相談所その他の関係者との連携を図りつつ、学校全体でいじめの防止及び早期発見に取り組むとともに、当該学校に在籍する児童等がいじめを受けていると思われるときは、適切かつ迅速にこれに対処する責務を負う。」と定められています。かかる義務や関連するいじめ防止法の条文から、**①本件いじめを防止するためにできたことは何か**[27]、**②本件いじめの早期発見のためにできたことは何か**[28]、**③本件いじめを発見した後、その対処に関してできたことは何か**[29]、といった区分けでの検討が考えられます。注意すべきは、いじめを行わせないためにできたことは何かという点のみならず、いじめが発生した後の対応についても検討を要することです。このような分類が、生徒指導提要で示される「2軸3類4層構造」と整合していることは第1章2(2)で述べたとおりです。

　もちろん、その他にも、学校のいじめ基本方針の規定内容・運用実態[30]や、関係機関との連携[31]等、①～③で分けにくい場合又は横断的な検討が必要となる場合もありますので、あくまで着眼点にすぎません。

26　日本弁護士連合会・前掲第3章註27、7頁参照。
27　いじめ防止法15条、19条1項等参照。
28　いじめ防止法16条1項、同条3項、同条4項等参照。
29　いじめ防止法23条等参照。
30　いじめ防止法13条参照。
31　いじめ防止法8条、17条、23条6項参照。

ウ　安全配慮義務との関係

また、この学校等の対応を振り返るということは、**学校や特定の教職員の民事法上の責任を自ら検証して、その責任を認めるということではありません**。もちろん、場合によっては、安全配慮義務違反となるものもありますが、学校の安全配慮義務違反があるかどうかにかかわらず、後から振り返って検証して、個々の事案に関して学校がどのように対応することができたか、ということが検証対象となります。

⑹　重大事態への対処・再発の防止

重大事態の調査の一番の目的は、当該重大事態に対処すること及び当該重大事態と同種の事態の発生を防止すること（再発防止）です[32]。種々の調査によって事実関係を確認することも、最終的にはこの対処と再発防止の検討を行うためのものです。つまり、重大事態の調査において、この重大事態への対処と再発の防止の検討内容は、個々の調査の意義を大きく左右します。

ア　重大事態への対処

まずは、調査を経て当該事案にどのように対処するか、という問題です。具体的な内容については、これも個別の事案に応じて様々ですので一概にいうことはできませんが、いじめ防止法上の義務から考えると、**対象児童生徒への支援や関係児童生徒への指導等[33]をどのように行っていくか**、という検討になります（第2章3も参照）。

対象児童生徒や関係児童生徒が全員卒業してしまっているような場合や転校してしまっている場合はともかく、学校生活をこれからも続けていくのであれば具体的な支援・指導等は既に行っていることも多いと思います。

32　いじめ防止法28条1項。
33　いじめ防止法23条3項参照。

その場合には、行った支援内容や今後どのように継続していくのか（または
はしないのか）ということも含めて検討することとなります。

　この点について、重大事態GLでは、「当該事案に係るいじめが解消して
いない場合には、当該事案のいじめ解消に向けた対処をまとめる。」「対象
児童生徒の不登校が継続している場合に、当該児童生徒への支援方策等を
まとめる。」とされています[34]。

イ　再発防止策

　最後に、再発防止策（同種の事態の発生の防止）です。これに加えて、
校長の所見を記載する例もありますが[35]、いずれのパターンでも、内容に
大きな違いはありません。基本的には、上記で検討した学校等の対応の検
証を元に、同種の事態の発生を防止するために行うべきことは何か、とい
う検討をすることとなります。なお、「発生の防止」とありますが、実際
には、同種のいじめが発生した場合の対処方法に関して記載している例も
あります。謝罪の場を設けることの是非（第2章3(4)参照）等に関する意
見は、その典型例です。そのため、この再発防止策に関しても、学校等の
対応の検証と同様に、学校のいじめ防止法上の義務を踏まえて検討するこ
とがよいかと思います。

　注意点として、**反省していることや遺憾の意を表明することは、再発防
止策としての記述としては不十分**です。例えば、「学校は、本事案で対象
児童生徒に十分に寄り添うことができなかったことを反省する。」という
記載は、再発防止策ではありません。「十分に寄り添うことができなかっ
た」というのは具体的に何をどうすることができなかったのか、また、そ
のようなことがないようにするため、**今後同種の事案が発生した場合には
どのように対処すべきか**、という検討が再発防止策となります。

34　重大事態GL36頁。
35　廃止された指針ですが、不登校指針8頁参照。

また、上記学校の対応の検証と同様、再発防止策の検討は、特定の教職員個人の責任を問うことではありません。仮に特定の教職員の行為が問題となる場合であっても、その教職員個人を糾弾するのではなく、今後、そのような行為がないようにするためにはどのような対策を講じるべきか、という検討をすべきです。

　更に、調査をしてもほとんど事実関係が特定できないケースもあります。その場合は、事実関係が特定できない理由を検証する中で、学校として行っておいた方がよかったことがある場合もあります。このように、事実関係が特定できなかったとしても、**特定できないという前提で再発防止策として考えられることがある**場合もあります。

　なお、重大事態GLでは、「当該事案の一連の調査を踏まえて、学校及び学校の設置者に対する再発防止策の提言を行う。」とされています[36]。第三者委員会を想定しているように思われますが、学校主体の調査の場合は、この再発防止策を学校主体の調査組織が検討することとなります。

36　重大事態GL36頁。

（例）重大事態調査報告書

調査報告書

令和●年●月●日

第1　重大事態の判断に関する事項

1　主体

　A小学校（以下「本件学校」という。）

2　重大事態が発生したと判断した時期

　●年●月●日（以下、特に指定がない限りは●年の日付を指す。）

3　重大事態となった概要・経緯

　1号事案かつ2号事案

　●月●日、本件学校は、Xの保護者より、Xが、Yにいじめられたため学校に行きたくないと言っている旨、及び適応障害の診断がなされた旨の連絡を受けた。具体的な訴えの内容は、以下のとおりである。

・10月25日、XがYから『お前、ウザいよ』と言われて殴られた。

・8月、学校外の公園で多人数でサッカーをしていた際に、Yから悪口を言われた。

・●年度2学期以降、男児らがXの悪口を言っていた。

　●月●日、Xの保護者から、Xが適応障害であるとの旨の診断書が提出された。

　また、●年●月●日には、Xの累積欠席日数が30日に達した。

　以上の経緯から、本件学校は、いじめによりXの心身に重大な被害が生じた疑い及び相当の期間学校を欠席することを余儀なくされている疑いがあると認め、いじめ防止対策推進法28条1項1号及び同2号に基づき、本事案を重大事態であると認定した。

第2　調査組織の活動に関する事項

1　調査目的

　本件学校が設置する調査組織（以下「本件調査組織」という。）による本件事案に係る調査（以下「本件調査」という。）は、民事・刑事・行政上の責任追及や訴訟等への対応を目的とするものではなく、事実関係を可能な限り明らかにし、その結果から当該事態への対処や、同種の事態の発生防止を図ることを目的としている。

2　調査組織の構成

　　校長　　　　　　　　　　●●

　　教頭　　　　　　　　　　●●

　　生徒指導主任　　　　　　●●

　　6学年主任　　　　　　　●●

　　養護教諭　　　　　　　　●●

　　スクールカウンセラー　　●●

　　弁護士　　　　　　　　　●●（外部）

3　調査期間

　　●年●月●日～●年●月●日

4　調査事項

　本件調査の調査事項は、以下のとおりである。

①本件事案に係る事実関係

②いじめがあった場合、同いじめに対する本件学校の対応の適切性

③その他、本件事案に関連する本件学校の対応の適切性等

　なお、本報告書においては、調査の限界等を踏まえて、具体的な事実として認定ができない行為がある場合でも、認定できないからといって即座に何らの対応もしないというものではなく、本件学校において児童が健全な学校生活を送ることができるためにはどのような対応が考えられるか、また同種事案の再発防止のためにはどのような対策

が考えられるか等を真摯に検討した。

5　調査方法

　具体的な調査方法については、上記調査の目的を踏まえて、本件調査組織において協議をした上で進めた。なお、本件調査における聴取対象者は、調査方針を決定する前に意向を確認し、当該意向を踏まえて、本件調査組織で決定した。また、聴取を行う際には、聴取対象者から保護者等の同席の要望があった場合には、その要望を踏まえつつ、調査の実効性を確保するために、協議を行った上で、保護者等が同席する方法を決定した。

　また、当時の資料で関連するものについては、可能な限り対象児童及び関係児童等から提供を受け、検討を行った。

聴取対象者は以下のとおりである。

（中略）

第3　いじめに関する事実認定（学校等の対応に関する事実も含む。）

1　当事者

　X及びYは、本件学校の第6学年●組に在籍する児童である。

2　8月●日の出来事について

　（中略）

3　2学期以降の出来事について

　（中略）

4　10月25日の昼休みの出来事について

　（中略）

5　10月25日の放課後の出来事について

⑴　放課後（15時30分頃）、XがZと一緒に帰ろうとしていたところ、第6学年下駄箱の前の廊下にて、Xは、Yの後ろから「またね」と言いながら、挨拶をする意図で、Yの左のふくらはぎ辺りを脚で軽

く蹴った。

(3)ア　そうしたところ、Yは、Xの方を向き、「お前、ウザいよ」と言いながら、Xの左の脇腹辺りを右手で殴った。Xは、その衝撃でその場にうずくまった。

イ　なお、Yとしては、Xの腹部を殴ったのではなく、軽く小突いたに過ぎないという認識であった。しかし、（中略）という理由から、少なくとも、Yは、Xが思わずうずくまる程度の衝撃がある程度には殴った事実があったものと認められる。

5　本件学校の対応について

（中略）

第4　法的評価（認定した事実の「いじめ」該当性等）

（中略）

第5　学校（及び教育委員会・学校法人等）の対応の検証

（中略）

第6　重大事態への対処・再発の防止

1　対象児童生徒への支援・関係児童生徒への指導等

（中略）

2　再発防止策

（中略）

以上

> コラム

いじめと重大な被害/不登校との「因果関係」

　事案においては、いじめと重大な被害/不登校との間に因果関係があるか、という点が問題となる場合があります。定義上、いじめ「により」重大な被害が生じた（又は不登校となった）ことが「重大事態」とされていることから、いじめと重大な被害/不登校との間に因果関係があることも、理論上は調査対象となりえます。ただし、ここでいう「因果関係」が何を意味しているのか、ということについては、議論の余地があります。基本方針では、「「いじめにより」とは、各号に規定する児童生徒の状況に至る要因が当該児童生徒に対して行われるいじめにあることを意味する。」としていますが[37]、どれだけの重みがあれば「要因」であるといってよいのか、なお不明確でよくわかりません。問題意識としては、単なる条件関係（「AなければBなし」）を意味しているのか、民法や刑法の世界で求められているようなより実質的な因果関係を意味するのか、又はそれ以外か、ということです。

　まず、民法と同じように因果関係を考えることはできません。民事上の因果関係は、主に損害賠償請求の要件として現れます。つまり、損害賠償請求が認められるためには、個人の債務不履行（又は不法行為）と損害の因果関係を必要とします。ただし、ここでいう「因果関係」とは、個人が責任を負う損害の範囲のことです。つまり、単なる条件関係（結果発生の原因であること）のみならず、法的に責任を負担することを正当化するような実質的な内容を伴った因果関係でなければならない、ということです。このような意味での因果関係を、専門用語で「相当因果関係」と呼びますが、具体的には、結果の予見可能性や結果発生の蓋然性があることを必要とします（民法416条１項、２項。この相当因果関係という考え方自体に難しい議論がありますが、割愛します。）。このように、そもそも民法上の

37　基本方針32頁。

因果関係は、個人が負う損害の範囲を決めるための要件です。重大事態の調査は、個人の責任を問うための調査ではありませんので、相当因果関係を判断することは、重大事態調査の趣旨からして不適切です。

　また、刑法では、犯罪の要件の一つとして、犯罪の行為（実行行為）と結果との因果関係が問題になることがあります。様々な説がありますが、刑法上の因果関係も、やはり単なる条件関係ではない実質的な因果関係を要求します（刑法上の因果関係論にも難しい議論がありますが、割愛します。）。ここでの因果関係も、犯罪行為の責任を問うための要件ですので、やはり、いじめ防止法にそのまま流用することは不適切でしょう。

　そうすると、少なくとも、いじめと重大な被害/不登校との間の因果関係とは、相当因果関係のような法的な責任を問う意味での因果関係ではない、と考えることが妥当です[38]。

　基本的には「因果関係」とは条件関係を指している、と考えてもよいと思いますが、実際には、重大な被害/不登校が、いじめのみならず、複合的な原因（特に家庭環境）によるものであると考えられる場合もあります。特に、いじめが一要因になっているかもしれないが、主たる不登校の原因はいじめではないという場合もあります。そのような場合の調査報告のまとめ方には、大変苦労します。公表されている調査報告書でも、いじめが自殺の一因ではあるとしても、いじめのみが自殺の原因とは特定できず、原因は複合的であるという旨を指摘するものがいくつもあります[39]。そうすると、条件関係がある/ない、とだけ記載すればよいという単純な話でもありません。事案によっては、この条件関係すら明確にできない調査結果は当然存在します。そうすると、結局、当該事案への対処や再発防止の

38　同趣旨の結論と採るものとして、石坂＝鬼澤、前掲２章註４・274頁。また、いじめと自殺との因果関係についてですが、鬼澤秀昌「いじめ防止対策推進法から見るいじめ問題への学校の対応の在り方」『スクール・コンプライアンス研究』第８号、2020年、25頁では、条件関係の有無を判断するのが妥当であると指摘しています。

39　いじめと自殺との因果関係ですが、町田市いじめ問題調査委員会「2021年11月22日付け諮問への「報告書」の概要」2024年２月21日、７頁等多数。

検討の観点から、いじめ以外の原因についてどこまで調査するか、また調査報告書にどこまで記載するか、という検討が重要になります。

　ちなみに、重大事態GLでは、調査報告書の標準的な記載内容として、「事実経過を踏まえて、当該事案に係るいじめの事実関係や対象児童生徒の重大な被害といじめとの関係性について説明できることをまとめる。」ということを指摘しています[40]。ここでいう「関係性」が何を意味するかは明確ではありませんが、問題意識としては、上記と同じであるように思われます。

40　重大事態GL36頁。

第 **7** 章

調査結果を説明する

対象児童生徒・保護者への説明

> **ポイント**
>
> ○調査結果の説明は、対象児童生徒とのその保護者のみならず、いじめを行った児童生徒とのその保護者に対しても行う。
>
> ○調査報告書の提供のみならず、口頭で説明する機会を設けることが基本である。
>
> ○説明の内容は、基本的には、事実関係といじめの認定、学校の対応の検証、対処及び再発防止策である。
>
> ○情報提供の際は、個人情報保護法に基づき、事前に対象児童生徒に説明し、同意を得るように努める。

　調査結果をまとめ終わった後、対象児童生徒・保護者に対して、その調査結果を説明します[1]。この説明の根拠は、いじめ防止法28条2項において、「当該調査に係るいじめを受けた児童等及びその保護者に対し、当該調査に係る重大事態の事実関係等その他の必要な情報を適切に提供するものとする。」とされていることです。説明の主体は「学校の設置者又はその設置する学校」とされていますが、**厳密には、調査組織（第三者委員会が行った調査では、その第三者委員会）が行うことが一般的**です。もちろん、調査結果の説明も、校長等が単独で行うのではなく、複数人で、学校の調査組織として行いましょう。また、後述のとおり、対象児童生徒・保護者のみならず、いじめを行った児童生徒・保護者に対しても調査結果の説明を行うこととされています[2]。

1　重大事態GL 39頁～40頁。

(1)　調査結果の説明の方法

ア　調査報告書の提供

調査結果の説明は、作成した調査報告書（厳密には「調査報告書案」ですが、本章では特に区別せずに「調査報告書」といいます。）を閲覧してもらいながら行うことが一般的です。その他、調査報告書のページ数や記載内容等に応じて、説明のための概要版を作成し、これを閲覧してもらいながら説明を行うこともあります。いずれにしても、口頭のみではなく、**書面でまとめたものを見せながら説明する**ことがよいでしょう。

調査報告書の渡し方についても、紙媒体で渡す方法やデータで渡す方法等があります。**データで渡す場合は、第三者への流出や改変がしやすいため、注意が必要**です。「Draft」等と透かしを入れる、パスワードを付ける等の対策を講じることもあります。また、Wordファイルは内容の改変がしやすいので、学校の設置者や学校の監督外の範囲でそのような改変が起こる可能性がないか、注意が必要です。改変等への防止策としては、比較的改変がしにくいpdfデータにしてから渡すこと等が考えられます。

イ　口頭説明の要否

作成した調査報告書をただ送るだけではなく、**口頭での説明をする機会を設けることが基本**です。これまで説明してきたとおり、調査報告書の内容には非常に専門的な内容が含まれます。そのため、調査報告書を見ても、対象児童生徒・保護者においてその内容を理解することが難しい、又は捉え違いが生まれてしまう可能性があります。典型例としては、いじめに関する行為が事実として認定できなかった場合に、これを「いじめがなかった」と捉えてしまうことが挙げられます（第6章2(3)オ参照）。そのため、調査組織が、対象児童生徒・保護者に口頭で説明する機会を設けることが

2　重大事態GL 40頁。

必要です。もちろん、当事者の体調や事情によっては口頭での説明が不可能な場合もありますので、説明方法は柔軟であって構いません。

ウ　調査報告書の取扱い

　また、紙媒体で調査報告書を渡す場合、当事者に閲覧させた調査報告書をそのまま持ち帰らせるべきか、ということも問題になります。後述のとおり、対象児童生徒・保護者には、調査結果に対する所見を提出する機会を与えることとなります。その所見の検討のために調査報告書が必要ですので、**調査報告書を持ち帰ってもらうという対応が通常**かと思います。

　ただし、持ち帰ってもらうことには**リスクもあります。その調査報告書が第三者に流出してしまうことです**（もちろん、データで調査報告書を渡した場合も同様です）。あまり児童生徒や保護者を疑いたくはありませんが、現実にそのようなリスクは存在します。そのため、万全な方法ではありませんが、**調査報告書を家庭外に持ち出さないという内容の誓約書を提出してもらってから紙媒体を共有する、所見の検討に要する期間のみ調査報告書を渡して所見の提出とともに返却してもらう**、またはその両方を組み合わせる等の方法が考えられます。

　なお、説明の場で調査報告書を閲覧させるのみで、持ち帰らせないという対応を取らざるをえない場合も存在します。ただし、誓約書の提出等の対応を取ったとしても調査報告書が第三者に流布されてしまう可能性が高い等、よほどの例外的な場合でない限りは持ち帰ってもらった方がよいと考えます。口頭の説明時のみの閲覧では記載内容を把握しきることが難しい場合も多く、対象児童生徒・保護者が所見書を作成するためは、調査報告書が必要であるためです。所見を書くために必要な資料が与えられなかったということ自体が、調査の不備にもつながりかねません。

　重大事態GLでは、「対象児童生徒・保護者への説明に当たっては、必要に応じて、個人情報保護法第70条に基づき、漏えいの防止その他の個人

情報の適切な管理のために必要な措置を講ずるよう求めることが考えられる。」とされていますが[3]、どのような措置を想定しているのかは明らかではありません。

(2) 調査結果の説明の内容

ア 事実関係

調査結果の説明とは、主に、調査を通じて確認された事実関係、学校等の対応の検証、当該事案への対処及び再発防止策等が挙げられます[4]。

事実関係について、重大事態GLでは、いじめ行為がいつ、誰から行われ、どのような態様であったかということや、学校がどのように対応したかということを説明することとされていますが[5]、事実関係がどうであったかということと、それが「いじめ」と評価できるかどうかは別であるということは、第6章2(4)のとおりです。そのため、説明の際には、**事実関係としてどんな行為を認定したのか、その認定した行為のうちどれを「いじめ」と認定したのか、ということを明確にして説明すべき**でしょう。

このような事実関係のほか、**学校等がどのように対応したか、ということも説明を要します**。なお、保護者において学校が行った対応に関する認識の齟齬がある場合もあります。例えば、保護者が「学校は何も対応をしていなかった」「本件のいじめ発生当時、学校からは何も連絡がなかった」等と考えている一方で、行った対応や連絡の記録が存在するような場合です。保護者自身の記憶に基づく考えであることも多いため、学校が行った支援や指導等についても説明する必要があります。なお、調査結果の説明では、学校として至らなかったと考える対応に関心が集まりがちですが、**必ず学校側が悪いという結論にしなければいけないわけではありません。**もちろん、学校が保身に走っていると疑われる説明は避けるべきですが、

3　重大事態GL 39頁。
4　重大事態GL 39頁参照。
5　重大事態GL 39頁参照。

保護者において誤解をしている場合は、その誤解を解消する契機になる可能性もありますので、学校として行った対応は対応として、調査報告書記載のとおり説明して問題ありません。

イ　学校等の対応の検証結果

　また、学校の対応に関する検証結果も主たる説明のうちの一つになります。丁寧に説明する必要があることはもちろんですが、**対象児童生徒・保護者が不満に感じている学校等の対応については、一層丁寧な分析結果の説明を要します**。特に、学校主体の調査の場合は自身で自身の対応を検証していますから、この説明が不十分であると学校が対応の不適切さを隠ぺいしている、という評価につながりかねません。

　説明の仕方についても、事前に確認しておくことが望ましいと思います。例えば、学校の対応に関して不適切であったと認めざるをえない対応があった場合、その場で謝罪すべきか、その場合の言葉選びはどのようにするか等です。もちろん、謝罪すべき事項がない場合であっても、対象児童生徒・保護者が不満を感じているのであれば、その理由は何か、その対応についてどのように口頭で説明をするか、確認する準備はしておきましょう。

ウ　当該重大事態への対処及び再発防止策

　当該事案への対処の説明に関しては、第6章2(6)で指摘した、**行った支援内容や今後どのように継続していくのか**（またはしないのか）等も含めて、検討した内容を伝えることとなります。再発防止策の説明も同様に、可能な限り具体的な内容を説明します。ただし、伝え方には細心の注意を要します。学校の対応方針が対象児童生徒の保護者の想定していたものではなく、そのことによって対象児童生徒・保護者と学校との間の対立を深めてしまう可能性もあるからです。もちろん、この学校としての支援・指導等の方針についても調査組織としての判断で行うものですから、対象児

童生徒・保護者が希望することを全て行わなければならないわけではありません。他方、実際には、対象児童生徒への支援のために可能な手を尽くすという意味で、希望する事項に関して検討したこと、希望する事項を行うことができない理由を合理的な範囲で説明することは、とても重要です。

(3)　対象児童生徒・保護者への情報提供と個人情報保護法

重大事態に関する情報提供で非常に悩ましいのは、個人情報保護法との関係です。関係児童生徒の情報は、どこまで対象児童生徒・保護者に開示してよいのでしょうか。

ア　公立学校

地方公共団体の機関等は、法令に基づく場合を除き、利用目的以外の目的のために保有個人情報[6]を自ら利用し、または提供してはいけません[7]。なお、本人の同意があるとき、又は本人に提供するときは、提供は許されます[8]。なお、「地方公共団体の機関」とは、個々の学校ではなく教育委員会を指すものと解釈されています[9]。素直に読めば、調査報告書に記載されている関係児童生徒の氏名等の個人情報は、当該関係児童生徒の同意が

6　「個人情報」とは、生存する個人に関する情報であって、①当該情報に含まれる氏名、生年月日その他の記述等（文書、図画若しくは電磁的記録に記載され、若しくは記録され、又は音声、動作その他の方法を用いて表された一切の事項（個人識別符号を除く。）をいう。）により特定の個人を識別することができるもの（他の情報と容易に照合することができ、それにより特定の個人を識別することができることとなるものを含む。）と②個人識別符号（個人情報保護法2条2項）が含まれるものをいいます（同2条1項）。児童生徒の氏名や、対象児童生徒等の持っている他の情報と併せて当該児童生徒本人であると識別できる情報等は、これに該当します。

　　そして、「保有個人情報」とは、「行政機関等の職員……が職務上作成し、又は取得した個人情報であって、当該行政機関等の職員が組織的に利用するものとして、当該行政機関等が保有しているものをいう。ただし、……行政文書等……に記録されているものに限る。」とされています。本章の説明の文脈では、調査報告書に記載される関係児童の個人情報等は、基本的に「保有個人情報」に該当すると考えてください。

7　個人情報保護法69条1項。

8　同条2項1号。

9　個人情報保護委員会事務局「個人情報の保護に関する法律についてのQ&A（行政機関等編）」Q2-1-2。

219

ない限り、対象児童生徒・保護者に伝えてはならない、という結論にもなりそうです。

しかし、それでは、いじめ防止法28条2項で、「当該調査に係る重大事態の事実関係等その他の必要な情報を適切に提供する」としていることの意味がないのではないか、という問題があります。

いじめ防止法28条2項が上記「法令に基づく場合」に該当しないが、いじめを行った児童生徒の同意がない場合であっても、対象児童生徒の救済のために必要な範囲と考えられる保護者の氏名や住所を提供することは許される（ただし、家庭環境等のプライバシー情報は不可）とする見解[10]や、他の児童生徒の氏名そのものについて具体的に開示すべきではないが、他の児童生徒が行った客観的行為については特定の個人をある程度識別することができるものであっても開示の対象となる（ただし家庭環境等のプライバシー情報は不可）とする見解[11]等があります。少なくとも、調査の結果判明した客観的行為については同意がなくとも情報提供して良く、他方で家庭環境等のプライバシーに関する情報については、個別に同意を得る必要があると考えるのが多勢です。

重大事態GLでは、直接この問題には答えておらず、「地方公共団体等の場合は、プライバシー保護の観点から、調査の対象となる関係児童生徒・保護者や学校関係者に対しては、調査を始める前の事前説明において、調査結果の調査報告書への記載や対象児童生徒・保護者への説明について同意を得ておくことが望ましい。」とされているに留まります[12]。

そのため、まずはいじめを行ったとされる生徒・保護者に対する**調査方針の説明の段階で、調査結果の提供の際に対象児童生徒に対して事実関係**

---

10 大阪弁護士会子どもの権利委員会いじめ問題研究会『事例と対話で学ぶ「いじめ」の法的対応』エイデル研究所、2017年、52頁、114～115頁、高島・前掲4章註10、76～78頁参照。厳密には、個人情報保護法27条（当時の23条）の解釈問題としての見解です。
11 坂田仰編集代表『学校のいじめ対策と弁護士の実務』青林書院、2022年、365頁［杉本修平＝川義朗＝坂田仰］。
12 重大事態GL 42頁。

や氏名等を提供することを説明し、同意を得るように努めましょう（第3章4(5)）。これを拒否された場合には、教育委員会と相談の上、個別に対応を検討する、と考えることがよいように思います。

いじめを行った子どもの家庭環境（特に児童虐待の有無）や発達特性等、プライバシー性が非常に高い情報に関しては、そもそも調査報告書に詳細を記載するかどうかという問題があることは第6章2(3)アのとおりですが、仮にいじめの背景事情として調査報告書に記載される場合であったとしても、本人・保護者の同意を得ていない限りは提供しない、という対応をすべきであると考えます。

なお、重大事態GLには、「調査報告書に記載されたいじめを行った児童生徒のプライバシーや人権への配慮は必要である。」という記載がありますが[13]、具体的に何をどう配慮したらよいのかは明らかではありません。

イ　私立学校、国立大学付属学校

国立大学法人[14]や学校法人等は、地方公共団体と適用条文が異なります。「個人情報取扱事業者」である国立大学法人、学校法人等は、特定された利用目的の達成に必要な範囲を超えて、個人情報を取り扱ってはならず[15]、個人データ[16]を第三者に提供するに当たり、原則として、あらかじ

13　重大事態GL 39頁参照。
14　個人情報等の取扱い等に関する規律に関して、国立大学法人には、民間部門の規律が適用されます。個人情報保護法2条11項3号、同法別表第二、同法63条、個人情報の保護に関する法律についてのガイドライン（通則編）「6 適用の特例（法第58条・第125条関係）」参照。
15　個人情報保護法17条1項、同法18条1項。
16　「個人データ」とは、個人情報データベース等を構成する個人情報のことをいい（個人情報保護法16条3項）、「個人情報データベース等」とは、「個人情報を含む情報の集合物であって、次に掲げるもの……をいう。　一特定の個人情報を電子計算機を用いて検索することができるように体系的に構成したもの　二前号に掲げるもののほか、特定の個人情報を容易に検索することができるように体系的に構成したものとして政令（個人情報の保護に関する法律施行令4条2項）で定めるもの」と定義されています（同条1項）。本章の説明の文脈では、児童生徒の氏名、特定の個人の属性や所有物、関係事実等を表す情報は、基本的に「個人データ」に該当すると考えてください。

め本人の同意を得なければなりません[17]。

　国立大学法人及び学校法人等の場合は、まず個人情報の利用目的をできる限り特定する必要があり、原則として、関係児童生徒・保護者や学校関係者の同意なしに、その利用目的の達成に必要な範囲を超えて、個人情報を取り扱うことができません。さらに、調査の対象となる関係児童生徒・保護者や学校関係者に対しては、調査を始める前の事前説明等の場において、利用目的を通知又は公表し、かつ、当該関係児童生徒・保護者や学校関係者の個人情報が個人データに該当する場合には、対象児童生徒・保護者への調査結果の提供、説明についての同意を得ておくことが必要です[18]。**利用目的の通知又は公表が必要であること、調査結果の提供、説明についての同意を得ることが「望ましい」ではなく「必要である」とされている点が、公立学校の場合との主な違い**です。

　そのため、公立学校の場合と同様、いじめを行ったとされる児童生徒・保護者に対する調査方針の説明の段階で、調査結果の提供の際に対象児童生徒に対して事実関係や氏名等を提供することを説明し、同意を得るようにすることが良いと思います（第3章4(5)）。調査方針の説明において、調査の目的や調査結果の提供等についても説明をしますので、調査方針の説明を適切に行うことによって、利用目的の通知も達成されると考えられます。これを拒否された場合には、学校の設置者と相談の上、個別に対応を検討することになるでしょう。プライバシー性の高い情報の提供の可否についても、公立学校の場合と同様です。

　なお、同意を得ずに提供してよい例外として、「法令に基づく場合」が定められていますが[19]、公立学校の場合と同様、いじめ防止法28条2項は該当しない、という見解が多勢です[20]。

17　個人情報保護法27条1項。
18　個人情報保護法21条1項、同法27条1項。重大事態GL 43頁も参照。
19　個人情報保護法27条1項1号。
20　前掲・本章註10、11参照。

⑷　その他調査結果の説明の留意点

ア　記録の作成

　調査結果の説明も、説明されていないことがないか（特に、後述する所見の提出ができることを説明したかどうか等）ということが問題になる可能性があります。そのため、調査結果の説明の際も、録音等によって記録を取るようにしましょう。ヒアリングにおける記録のように、議事録等も作成した方が望ましいです（第5章4(1)、(2)参照）。

イ　謝罪の要否

　学校として至らない点があったと思われるような場合、学校組織として対象児童生徒・保護者に対して謝罪を行うことも考えられます。

　重大事態GLでは、「重大事態発生後、詳細な調査を実施するまでもなく、学校の設置者及び学校の不適切な対応により対象児童生徒や保護者を深く傷つける結果となったことが明らかである場合は、学校の設置者及び学校は、詳細な調査の結果を待たずして、速やかに対象児童生徒・保護者に不適切な対応の経緯等を説明し、謝罪を行う。」とされていますので[21]、詳細な調査をして不適切な対応が明らかとなった場合は、なおさら謝罪の要否が問題となります。

　謝罪を行うか否かは学校の判断ですが、仮に学校として謝罪を行うとした場合の留意点は第2章3(4)を参考にしてください。

ウ　いじめを行った児童生徒・保護者に対しても説明を行うことの説明

　本章2のとおり、対象児童生徒・保護者に説明した事項は、いじめを行った児童生徒・保護者に対しても行う必要があります。そのため、対象児童生徒・保護者に対して、いじめを行った児童生徒・保護者にも調査結果

21　重大事態GL 26頁。

の説明を行うことを、説明する必要があります。このときに、プライバシー等の理由から、対象児童生徒・保護者側で、いじめを行った児童生徒側には秘匿しておきたいこと（現在の病状や家庭環境に関すること等も含む。）がないか、事前に確認しておきましょう[22]。

エ　所見に関する説明

　本章1⑸のとおり、対象児童生徒・保護者からの調査結果に係る所見を、調査報告書と併せて地方公共団体の長等に提出することができます。既に調査方針の説明時に伝えているとは思いますが、調査結果の説明をする段階でも、所見を提出できることを改めて説明しておくことが良いと思います[23]。

　また、所見を提出するかどうかは対象児童生徒・保護者が決めることですので、その意向も確認が必要です。

　そして、調査報告書に添付して報告する以上、所見は書面で提出してもらうこととなります。この書面の提出が遅れることで、いつまでも調査が終了しないこともありますので、所見の提出期限は必ず設定しましょう。もちろん、もう少し検討時間が欲しいという希望があるのであれば、途中で延長するなど合理的な範囲で柔軟に対応して構いません。

オ　公表に関する意向の確認

　第8章1で説明するとおり、調査結果を公表することがあります。そして、公表するか否かの考慮要素の一つに、「対象児童生徒・保護者の意向」が挙げられます[24]。調査結果の公表がありうること、公表するか否かは、学校の設置者及び学校が諸事情を考慮して判断すること（第8章⑻で説明するとおり、地方公共団体によっては公表のガイドライン等が制定されて

22　重大事態GL 40頁参照。
23　重大事態GL 40頁参照。
24　重大事態GL 40頁参照。

いることもあります。）、その考慮要素として公表について意向を確認したいことを説明し、その回答をもらうことが良いように思います。もちろん、その回答は、所見書とともにもらうことでも問題ありません。

この意向確認は、必ずしも調査結果の説明の段階で行わなければならないわけではありません。ただし、調査結果が出る前と後では、調査結果の公表の意向が変わりうること、この後の段階で確認しようとすると失念しがちであること等の理由から、この段階で行っておくことをおすすめします。念のためですが、公表の意向も記録に残しましょう。

(5) 対象児童生徒・保護者からの所見

ア 所見の意義

調査結果を地方公共団体の長等に報告する際、対象児童生徒・保護者は、調査結果に係る所見をまとめた文書を、当該報告に添えることができることとされています[25]。場合によっては、この所見も公表の対象とされることがあります。

所見の最も重要な意義は、再調査の必要性の検討の判断材料となることです[26]。調査報告書は調査組織の文責で作成するものですが、対象児童生徒側から、調査の問題点等を指摘する機会を与えます（再調査に関しては第8章3で補足します。）。

また、実務上の大きな意義として、調査報告書に記載することができない事項も記載が可能である点が挙げられます。特に、調査報告書内では認定できないと判断した事実があるとしても、所見の中では、その認定でき

---

25 重大事態GL 40頁参照。
26 いじめ対策協議会（令和5年度）第4回議事録（事務局発言）参照。「所見書については、おっしゃるとおり、再調査という制度がつくられている趣旨は、そういった重大な調査結果の中で不十分な部分があった場合に、再調査ということができるということで制度がつくられているというところについて、被害側から実際に不十分な点というところを首長に対して指摘等が行えるという観点でつくられているものだというふうに理解はしております。」

なかった事実を記載することも、その事実を前提とした意見の記載も可能です。つまり、所見は、対応不可能な調査報告書への修正要求があった場合に調査組織側から提示できる代替案にもなりえます。

イ　所見の形式

所見の形式は特に決まっていませんので、対象児童生徒・保護者の任意の形式で構いません。地方公共団体によっては、便宜のために、一定のフォーマットを用意していることもあります。

ウ　所見の内容

本章1(5)アのとおり、所見は調査結果に対する対象児童生徒・保護者の意見ですので、記載内容も自由です。調査結果の事実認定では認定できなかった事実を前提とした意見であっても構いません。また、調査内容のみならず、調査の方法等について意見することも可能です。

なお、所見の中には、追加の調査や調査報告書の記載内容の修正を求める内容が記載されることもあります。これらへの対応については、本章3で説明します。

(6)　対象児童生徒・保護者が調査に協力しなかった場合の説明の要否

仮に、対象児童生徒・保護者が調査に協力せず、ヒアリングもできなかった場合、調査結果の説明は行うべきでしょうか。

重大事態GLからは明らかではありませんが、調査に協力しなかったからといって、いじめ防止法28条2項の適用がなくなるわけではありませんので、**基本的には調査結果の説明を行う機会を設けられないか、また、所見を提出する意向があるか、ということを確認すべき**でしょう。

もちろん、断られた場合は、無理に説明を行うことはできませんが、その経緯は、調査報告書に記載しておくことがよいでしょう。また、対象児

童生徒・保護者の意向は、メールでもらう等して記録化することが望まし
いです。

7章

調査結果を説明する

chapter 7

2 対象児童生徒以外の児童生徒・保護者への説明

ポイント

○対象児童生徒がいじめを受けたと訴えたにもかかわらず、調査の結果いじめを行ったことが明らかにならなかった児童生徒・その保護者に関しても、調査結果の説明は行うべきである。

○複数人のいじめの行為がある事案に関しては、調査内容について説明や情報提供をどこまで行うかあらかじめ確認しておく必要がある。

○対象児童生徒等、いじめを行った児童生徒等いずれに対しても、調査に協力しなかった場合も調査結果の説明を試みるべきである。

(1) 調査結果を説明する関係児童生徒の範囲

　対象児童生徒・保護者のみならず、いじめを行った児童生徒・保護者に対しても、調査結果を説明することが必要となります[27]。

　重大事態GLによると、説明を要する範囲は、「いじめを行った児童生徒」＝関係児童生徒のうち、調査の結果、いじめを行ったことが明らかになった児童生徒とされています。この定義だと、対象児童生徒がいじめを受けたと訴えたにもかかわらず、調査の結果いじめを行ったことが明らかにならなかった児童生徒・保護者が含まれていません。しかし、**初めに調査方針を説明したうえで調査を開始している以上は、調査の結果も説明すべき**でしょう。

27　重大事態GL 40頁。

(2) 調査結果の説明の方法・内容

　説明の方法や内容については、基本的に対象児童生徒・保護者への説明の場合と変わりありませんが、**複数人のいじめの行為がある事案**の場合、**説明対象の児童生徒とは全く関係のない事項が報告書に含まれる**ことがあります。そのため、当該説明対象の児童生徒に対する説明では、調査報告書記載の事実関係のうち**どこからどこまでを説明すべき**か、また、調査報告書の内容の**どこからどこまでを情報提供するか**、ということをあらかじめ確認しておくことが必要となります。

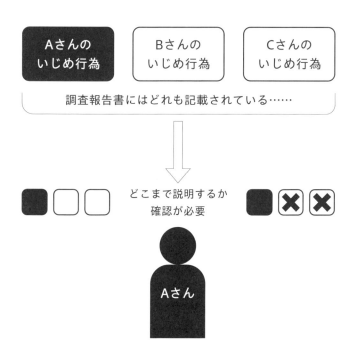

(3) 調査結果の説明時の留意点

ア 所見の要否

説明時の留意点も、基本的には、対象児童生徒・保護者への説明の際の留意点と変わりありませんが、大きな違いとしては、いじめを行った児童生徒・保護者からの意見は、調査報告書と一緒に所見書として提出しないという点です[28]。

他方、いじめを行った児童生徒・保護者から調査結果等に対する意見をもらうことが禁止されているわけではありません。場合によっては、調査結果への意見や追加の調査の要求が出されることもあります。その場合に、対象児童生徒・保護者からの意見は検討対象となるにもかかわらず、いじめを行った児童生徒・保護者から意見は、所見を貰う必要がない以上検討対象としない、という対応をすることは、調査の中立性に疑問を生むこともあります。そのため、いじめを行った児童生徒・保護者からの意見に関しても、本章3で説明するように、一度は調査組織で検討する場合もあります。

イ 対象児童生徒のプライバシーへの配慮

なお、対象児童生徒・保護者から確認した、いじめを行った児童生徒側には秘匿しておきたい家庭環境の事情等がある場合は、その事情は、基本的に秘匿しておくべきでしょう（前述1(3)エ参照）。

---

28 いじめ対策協議会（令和5年度）第4回でも問題提起がされましたが、対象児童生徒・保護者以外の所見の提出については、重大事態GLの改訂後も規定されることはありませんでした。

⑷ いじめを行った児童生徒・保護者が調査に協力しなかった場合の説明の要否

　対象児童生徒・保護者と同様、いじめを行った児童生徒・保護者が**調査に協力しなかった場合も、その児童生徒・保護者に調査結果の説明を試みるべき**だと考えます。断られた場合に、その経緯を調査報告書に記載しておくことも、対象児童生徒・保護者の場合と同様です。確かにいじめ防止法28条2項は適用されませんが、対象児童生徒・保護者と異なる取り扱いをすべき理由もありません。

7章

調査結果を説明する

chapter 7

3 追加の調査

ポイント

○追加の調査を行うかどうかの判断は、調査組織が行う。

○対象児童生徒・保護者等から調査内容の修正の指摘や追加調査の
要望を受け、調査の要否を検討する場合は、その対象児童生徒・
保護者への検討結果の共有は怠らないようにする。

○追加調査への更なる追加の調査要望や調査報告書の内容修正の指
摘については、基本的に対応すべきではない。

(1) 対象児童生徒・保護者等からの要望

　本来、以上の調査結果の説明をし、対象児童生徒・保護者からの所見を
添付して地方公共団体の長等へ調査結果を報告したら、重大事態の調査は
終了です。しかし、調査の結果に対して、対象児童生徒・保護者（または
いじめを行った児童生徒・保護者）からは、調査が足りていないという指
摘や、調査報告書の内容をこのように修正すべきである、という指摘がな
される場合があります。

　重大事態GLでは、「調査報告書に対して、対象児童生徒・保護者と事前
に確認した調査事項について調査漏れがある場合や調査中に新たな調査す
べき事項が出てきた場合などは、対象児童生徒・保護者の意向を確認した
上で、調査主体又は調査組織の判断で、追加で調査を行うことが望まし

い。」とされています[29]。つまり、このような指摘を踏まえて、追加の調査を行い、再度検討を行うという対応がありえます。このような指摘は実際に非常によくあるものですが、どこまで対応したらよいのでしょうか。なお、この追加の調査はいじめ防止法28条1項に基づく調査の一環ですので、「再調査」とは言いません。

(2) 追加調査の要望への対応

重大事態GLにも記載されているとおり、**追加の調査を行うかどうかの判断は、調査組織が行います。**対象児童生徒・保護者ではありません。そのため、調査報告書に十分な検討がなされていると判断したのであれば、追加の調査の要望があるとしても、調査をせずに終了することは可能です。ただし、事実認定のために重要かつ調査可能であるにもかかわらずその調査を行わないということは、再調査において調査の不適切性として指摘される要素にもなりかねません。また、一切応じないという対応では、事実上、学校と保護者との信頼関係を維持することが困難になりかねません。

そのため、**追加調査の要望に対して、一度は、調査の要否の検討をすることが多い**と思います。検討内容を調査組織の会議議事録に残し、**対象児童生徒・保護者に必要な検討結果を共有することは、怠ることがないようにしましょう。**

(3) 調査報告書の内容の修正要望への対応

追加の調査の要望以外にも、そもそも調査報告書の内容が不十分である、または誤っている等の理由で、調査報告書の記載内容の修正を求められることもあります。前提として、**対象児童生徒・保護者であろうと、調査報告書の内容の修正を求める権利はありません。**調査報告書は、調査組織が調査・検討した結果を記載するものであって、対象児童生徒・保護者が完

---

29 重大事態GL 40頁。

璧に満足する内容を書かなければならないというものではありません。

　そのため、事実認定が誤っている、いじめの法的評価、学校対応への評価、当該事態への対処方法、再発防止策等が不適切である等の意見を調査報告書に反映させなければならない法的な理由はありません。むしろ、「対象児童生徒・保護者等から指摘があったから」という理由だけで調査報告書の記載を変えることは、調査の中立性等からも問題です。

　しかし、そうはいっても対象児童生徒・保護者が全く納得していない調査報告書をそのまま提出することは、再調査となってしまう可能性もあるほか、学校と保護者との信頼関係にも影響が生じます。そのため、**実際問題として、完全な納得とまでいかないものの、ある程度の受容は必要**です。また、対象児童生徒・保護者の指摘を踏まえて調査報告書の内容の再検討を行うこと自体が禁止されているわけでもありません。

　このような観点から、実務上、対象児童生徒・保護者の意見を踏まえて調査報告書の内容の修正を行うことは、よく見られます。

　ただし、調査報告書の修正は、保護者等の言いなりとなって行うのではなく、調査組織としての再検討の結果として行うものです。そのため、対象児童生徒・保護者に調査報告書の修正を求める権利がないことを前提にして、追加調査の要望への対応と同様、修正の要否を検討し、その検討内容を議事録に残したうえで、対象児童生徒・保護者に必要な検討結果を共有する、という対応になります。

(4)　追加調査を行った後の対応

　追加調査・検討を行った後の対応は、重大事態GLからは明らかではありませんが、本章3(2)や(3)のとおり、対象児童生徒・保護者及びいじめを行った児童生徒・保護者に対して、その**調査報告書の変更内容や変更しなかった場合の理由等について、情報提供を要する**と考えるべきです。

　また、実務上よく問題になる論点としては、再度の情報提供を受けた後、

対象児童生徒・保護者等から更に追加の**調査要望や調査報告書の内容修正の指摘**がある場合の対応です。

　これについては、形式的かつ少量の調整でない限り、**基本的に対応すべきではない**と考えます。複数回、追加調査依頼や調査報告書への修正への機会を与えることになると、いたちごっことなり、対象児童生徒・保護者等が満足する調査結果になるまで追加調査や調査報告書の修正を求められることになるからです。そのような調査報告書は、もはや調査組織の調査結果に基づく調査報告書とはいえません。また、もし調査報告書の内容に不満があるのだとすれば、対象児童生徒・保護者に関しては、所見に記載するように求めることが考えられます。

　他方、対象児童生徒・保護者等から何度も合理的な指摘が入る一方で、学校主体の調査ではもはやどうにも対処できない、という場合も考えられます。そのような場合は、設置者主体の第三者委員会による調査に引き継ぐ等の対応を、学校の設置者と検討すべきでしょう。なお、このような調査の引継ぎを行う場合、重大事態の調査自体を終了していないので、再調査ではなく、あくまでいじめ防止法28条１項に基づく調査として整理されることになります。

7章

調査結果を説明する

第 **8** 章

調査結果説明後の留意点

chapter 8

1 調査結果の報告・調査報告書の公表

ポイント

○調査報告書の説明を終え、対象児童生徒・保護者からの所見を受領したら、所見を添付して発生報告先と同様の報告先に報告する。

○調査報告書の公表については、当該事案の内容や重大性、対象児童生徒、保護者の意向、公表した場合の児童生徒への影響等を総合的に判断し、公表するか否か、また公表の範囲を判断する。

○公表の際、個人情報保護やプライバシーの観点から、個人に関する情報、個人の識別につながりかねない情報はマスキング（黒塗り）をする等の措置を行う。

(1) 調査結果の報告

　調査報告書の説明を終え、対象児童生徒・保護者からの所見を受領したら、調査報告書に所見を添付して報告をします。

　報告先は、重大事態の発生報告と同様です。国立大学附属学校の場合は、学長又は理事長を経由して文部科学大臣に、私立学校の場合は、学校の設置者（学校法人等）を経由して都道府県知事に、公立学校の場合は、教育委員会を経由して地方公共団体の長（以下「首長」といいます。）に、それぞれ提出します。公立学校・私立学校の場合であっても国への調査結果報告が求められていることは、第1章2(3)カのとおりです。

　なお、報告先に対する調査結果の説明は、原則として学校の設置者（公立学校の場合は教育委員会）が行うこととされています[1]。また、国への

調査報告書の提供は第1章2(3)ウと同様です[2]。

(2)　調査報告書の公表

調査報告書は、一次的にはこれらの報告先に対して提出するものですが、調査報告書を一般に公開することがあります。重大事態GLでは、「公表するか否かについては、学校の設置者及び学校として、当該事案の内容や重大性、対象児童生徒・保護者の意向、公表した場合の児童生徒への影響等を総合的に勘案して、適切に判断することとなるが、個人情報保護法や情報公開条例等に基づいた対応を行った上で特段の支障がなければ公表することが望ましい。」とされています[3]。

なお、実際には、学校主体の調査ではなく、社会的な耳目を集めるような設置者主体の第三者委員会による調査の調査報告書が公表されることがほとんどです。しかし、学校主体の調査であっても公表されることはあります。そのため、調査報告書の公表に関する知識は持っておく必要があります。

(3)　調査報告書の公表の意味

調査報告書を公表することに何の意味があるのかということですが、重大事態GLでは、公表の意義について、「調査報告書を公表することについては、当該学校やその関係者だけでなく社会に対して事実関係を正確に伝え、憶測や誤解を生まないようにするとともに、社会全体でいじめ防止対策について考える契機ともなる。」としています[4]。確かに、調査報告書の公表は、**調査の透明性を確保することや調査の公平性・中立性を担保する**

1　重大事態GL 40頁。
2　重大事態GL 40頁では、学校の設置者が文部科学省に提供するとされていますが国への報告依頼2頁のとおり、都道府県教育委員会等が報告することとなっています。
3　重大事態GL 40頁。
4　重大事態GL 40頁。

ことに繋がりえます。また、公表することによって、調査報告書が学問的な研究対象にもなりますから、**理論上は、いじめに関する議論をより深めることにも繋がりえます**（「理論上は」としたのは、現実には、詳細な事実を（場合によっては意図的に）記載していない調査報告書もあるからです。）。

なお、後述のとおり、自治体によっては調査報告書の公表に関するガイドラインが策定されています。各ガイドラインにおいて、公表することの目的が記載されています。

⑷　調査報告書の公表の弊害

他方、**調査報告書を公表することが適切ではない場合**もあります。まず、**公表によって対象児童生徒を傷つける結果となる可能性がある場合**です。個人情報をマスキングしたとしても、何らかの方法で当事者や学校は特定できてしまう可能性があります。そうすると、どの学校の誰がいじめを受けたか、ということが噂として広まって二次被害を生むおそれがあります。実際、調査報告書の公表を望まない対象児童生徒・保護者も比較的います。

また、上記のとおり**当事者や学校を特定できてしまう**ことから、公表することによっていじめを行った児童生徒に対する社会的に過剰な非難に繋がることがありえます。なお、いじめをしたのだから、そのような社会的制裁を受けて当然だという考え方もあるかもしれません。しかし、いじめ防止法上、いじめを行った児童生徒に対して指導や、学校教育法に基づく懲戒と出席停止を行うことは想定されているものの[5]それ以外の制裁を加えることは予定されていません。重大事態の調査は、個人の責任を追及するものでもありません。もちろん、私立学校や高校等においては退学処分の対象となる可能性はありますが、そのような処分の対象となるとしても、公表して社会的制裁を加えていいということにはなりません。そもそも、

5　いじめ防止法25条、26条。

調査報告書の公表はいじめ防止法に明文はなく、重大事態GLに記載されているだけです。そのため、**社会的制裁の目的で公表をすることは決して許されません。**

念のためですが、実際にいじめを行った児童生徒を擁護しているわけではありません。いじめを行った児童生徒に対しては、別途然るべき指導や懲戒がなされるべきであり、社会的制裁を加える目的で調査報告書を公表することは不適切である、ということです。

なお、企業の不正調査の際も調査報告書が公表されることがありますが、これは、企業の信頼や持続可能性を回復すること等の目的で行われるものです[6]。いじめ調査の場合とは公表の目的が異なります。

(5) 調査報告書の公表の考慮要素

このように、調査報告書を公表することには弊害もありますので、公表するかどうかの検討が必要です。

本章1(2)のとおり、公表するか否かについては、学校の設置者及び学校として、当該事案の内容や重大性、対象児童生徒・保護者の意向、公表した場合の児童生徒への影響等を総合的に勘案して、適切に判断することとされています[7]。また、一義的には調査報告全体の公表に関する考慮要素ですが、一部を公表する場合、どこをマスキングするかを判断する要素もあります。

なお、**原則として公表するという考えに立つ場合は**、これらの考慮要素を検討する中で**公表すべきではない事情がないか、という方向での検討になると考えるべき**でしょう。また、公表に関してガイドライン等がある自治体の場合は、当該ガイドラインを参照しながら公表の適否の判断をすることとなります。

---

6 日本弁護士連合会「企業等不祥事における第三者委員会ガイドライン」第1部、2010年、2頁。
7 重大事態GL 40頁。

ア　当該事案の内容や重大性

　事案の内容や重大性は、考慮要素の一つとして挙げられていますが、**主たる理由とはなりにくい**です。特に、事案の重大性については、重大だから公表すべき（またはしないべき）という価値判断が、現実的に困難です。いじめの定義上、苦痛を感じているかどうかを対象児童生徒の主観で判断するという解釈をしている以上、重大な事案と重大でない事案を区別することはかなり難しいでしょう。実際、事案の内容や重大性を重視すべきではないという考え方の自治体もあります[8]。

　他方、事案の性質が、公表することが適切であるかどうかという要素の一つになることは考えられます。もっとも、基本的には、後に説明する要素の方がより核心的な要素になります。

イ　対象児童生徒・保護者の意向

　ほとんどの事案において、最重要の要素の一つとなるのが、対象児童生徒・保護者の意向です。**現実問題として、対象児童生徒・保護者が公表して欲しくないと意見しているにもかかわらず公表するというのは、よほど公表すべき理由がない限りは適切な対応ではない**ように思われます。また、単に公表してほしい又はしてほしくないという意見のみならず、その**理由まで把握しておくことも重要**です。特に、いじめを行った児童生徒に対する社会的な制裁のために公表してほしいというのは、上記のとおりいじめ防止法の趣旨から外れていますので、そのような理由のみで公表希望があるような場合は、公表することが適切とはいえません。

　更に、対象児童生徒・保護者のみならず、関係児童生徒の意向も重要な考慮要素となりえます[9]。

8　例えば、神奈川県いじめ防止対策調査会「答申書」令和元年10月30日、3頁。
9　浜松市教育委員会「浜松市いじめ防止対策推進法第28条第1項に規定する入内事態に関する調査報告書の公表について（公表ガイドライン）」令和6年4月1日、2頁等参照。

ウ　公表した場合の児童生徒への影響

　公表した場合に児童生徒へ教育にどのような影響（特に悪影響）があるかという要素も、重要な位置を占めます。調査結果が公表されることで当事者のことをよく知る人が事実関係を知ることとなります。そのことが理由で、対象児童生徒の登校の再開に支障が出る可能性があります。関係児童生徒が、インターネット上での誹謗中傷の的となってしまう可能性もあります。また、事案の状況や当時の児童生徒の心境が公表されることによって、学校としての支援や指導がしづらくなるという場面もありうるでしょう。

　実際の事案においては、前述した公表の弊害等を考慮して、慎重に判断をしなければなりません。

(6)　公表の対象・内容

　公表するのは原則として調査報告書ですが、これと一体となっている**対象児童生徒・保護者の所見についても公表対象とされることがあります**（第7章1(5)ア）。

　また、調査報告書の公表に関しては、児童生徒の個人情報保護やプライバシーの観点から、公表対象を検討することが必要となります。具体的には、個人情報保護法（公立学校の場合は、加えて情報公開条例等）の不開示となる情報等も参考にして、公表を行うべきでないと判断した部分を除いた部分を適切に整理の上公表を行うことが必要です[10]。

　そのため、公表される場合には、**個人に関する情報はマスキング（黒塗り）します。学校名も、個人の識別に繋がりかねませんので、非公表となります。家庭の事情等プライバシー性の高い情報についても、基本的には非公表となります**。その他、地域の人口や特色などによっては、一般人から見て個人の識別に繋がりかねない事項がありますので、このような記載

10　重大事態GL 43頁。

8章

調査結果説明後の留意点

243

についても非公表とすることがあります。

その他、自治体によっては、公表版ないしは概要版の調査報告書を別途作成し、これを公表している自治体も比較的あります。公表版の作成は、教育委員会が作成するとしている場合が多いようです。

(7) 調査報告書の公表方法

国公私立を問わず、調査報告書をホームページで公表している例が多く見られます。また、公表期間については、無期限に公開している報告書もありますが、公立学校の場合、**3か月～1年程度を目途にしている例が比較的多い**です。

(8) 調査報告書の公表に関する各自治体のガイドライン

重大事態GLでは、「学校の設置者において、調査報告書の公表のあり方や公表方法について事前に方針等を定めておくことが望ましい。」とされています[11]。特に公立学校の場合、いくつかの自治体では、教育委員会（ないしは教育委員会に設定された附属機関）によって公表に関するガイドラインが策定されています。

例えば、大津市（「重大事態に関する調査結果報告書の公表について」）や横浜市（「いじめ重大事態に関する調査結果の公表の在り方について」）等があります。

特に、個人情報の取り扱い方については、詳細に検討がなされているものもありますので[12]、大変参考になります。

---

11 重大事態GL 43頁。
12 例えば、神奈川県いじめ防止対策調査会「答申書」令和元年10月30日、14頁以下。

⑼　マスコミへの対応

　社会的耳目を集める事件の場合は、マスコミへの対応が必要となる場合もあります。そのような事件の性質上、学校主体の調査の場合はあまり想定されず、主に第三者委員会による調査の場合に検討される対応です。

　関係者とされる人からの取材や憶測による噂等から誤った報道がなされることがありますので、調査の状況に応じた情報提供や調査結果に関する記者会見を開く等の対応が検討されます。

8章

調査結果説明後の留意点

chapter 8

2 調査結果を踏まえた 学校の対応等

ポイント

○調査報告書の提出＝いじめの解消ではなく、調査結果を活用して
対象児童生徒への指導やいじめを行った児童生徒への指導を行う
必要がある。

○調査結果の記載した再発防止策は、必ず何らかの形で具体的に実
施を検討する。

(1) 対象児童生徒への支援、いじめを行った児童生徒への指導等

　調査報告書によって調査結果を報告したら、調査組織としての役割は終
了です。調査のために調査組織の構成員となった第三者の業務も終了とな
ります。ただし、**調査報告書を提出することがいじめの解消とイコールで
はありません**。特に不登校が続いている事案の場合、調査報告書を提出し
たからといって不登校が解消されるわけではありません。そのため、**学校
が、調査結果を活用して、対象児童生徒への支援やいじめを行った児童生
徒への指導等を行うことを要します**[13]。具体的な支援・指導や専門家・外
部機関との協力関係については、第2章と重なる部分が多いため、こちら
を参考にしてください。

13　重大事態GL 44頁参照。

場合によっては、懲戒処分の検討が必要になる場合もあります。

(2)　調査結果の共有・再発防止策の実行

　調査結果として出された再発防止策を検討し、実施することは、大変重要です。特に、再発防止策として調査報告書に記載しているものの、実際には全く実施していないというケースもあります。そのようなことがないように、**再発防止策については必ず何らかの形での実施を検討しなければなりません**。検討する組織としては、主にいじめ対策組織[14]が考えられます。もちろん児童生徒のプライバシーには十分気を付けなければなりませんが、組織内の構成員のみではなく、組織外の教職員にも調査結果を共有した上で、同じ事案が起きないように対策をすることも重要です。また、再発防止策等のために外部の協力を得ることが有効である場合もあります。例えば、学校の設置者と協議し、必要な支援や指導を受けること、警察等の外部の機関と連携すること等です。

　いじめ自体の認識や初動対応などに問題がある場合は多いですが、対策としてよく検討されるのは、**教職員への研修**です。弁護士に研修講師を依頼する自治体や学校法人は多いですが、個人情報やプライバシーには注意を払いつつ、重大事態の調査で浮かび上がった問題意識どう活かすかという視点で研修を実施することは、大変重要です。

14　いじめ防止法22条。

chapter 8

3 再調査

ポイント

○再調査の主体は、文部科学大臣（国立）、首長（公立）又は都道府県知事（私立）である。

○再調査には時間的な制限がなく、年数が経過した事案であっても上記の主体が必要であると判断した場合には行われる可能性がある。

(1) 再調査の根拠

重大事態の調査を終えても、その調査結果を更に調査することがあります。一般的に、「再調査」と呼ばれます。再調査を学校が行うことはありませんが、参考までに概要を説明します。

（国立大学に附属して設置される学校に係る対処）

第二十九条

（中略）

2　前項の規定による報告を受けた文部科学大臣は、当該報告に係る重大事態への対処又は当該重大事態と同種の事態の発生の防止のため必要があると認めるときは、前条第一項の規定による調査の結果

について調査を行うことができる。

（後略）

（公立の学校に係る対処）

第三十条

（中略）

2　前項の規定による報告を受けた地方公共団体の長は、当該報告に
　係る重大事態への対処又は当該重大事態と同種の事態の発生の防止
　のため必要があると認めるときは、附属機関を設けて調査を行う等
　の方法により、第二十八条第一項の規定による調査の結果について
　調査を行うことができる。

（後略）

（私立の学校に係る対処）

第三十一条

（中略）

2　前項の規定による報告を受けた都道府県知事は、当該報告に係る
　重大事態への対処又は当該重大事態と同種の事態の発生の防止のた
　め必要があると認めるときは、附属機関を設けて調査を行う等の方
　法により、第二十八条第一項の規定による調査の結果について調査
　を行うことができる。

（後略）

　なお、学校設置会社[15]にも同様の規定が置かれており、公立大学附属学校については、国立大学附属学校の規定が準用されています[16]。

15　いじめ防止法32条。
16　いじめ防止法30条の2。

（2） 再調査の主体

　再調査の主体は、**文部科学大臣（国立）、首長（公立）又は都道府県知事（私立）**です。公立学校の場合、教育委員会ではなく、首長が、再調査を受け持つことになります。

　公立学校及び私立学校の場合は「附属機関を設けて調査を行う等の方法」によるとされていますが[17]、附属機関を設けるためには、法律または条例の定めが必要となります[18]。附属機関が行う調査に関しても、法律、政令又は条例の定めが必要です[19]。そのため、原則として、附属機関を設置して再調査を行う場合には、条例の制定を必要とします。もっとも、条例の制定には議会の決議等が必要ですので、時間がかかります。そのような時間的な余裕がない場合も想定されます。そのため、「附属機関を設けて調査を行う等の方法」と、附属機関を新たに設置する場合以外の調査方法も認められています。また、基本方針では、地方公共団体が既に設置している附属機関や監査組織等を活用することが考えられるとされています[20]。更に、文部科学大臣・都道府県知事において（いじめ防止法によって新たな権限が付与されるわけではないものの）、当該事案に係る資料の提供等を求め、資料の精査や分析を改めて行うこと等も考えられるとされています[21]。当然、再調査を行う附属機関の構成員は、重大事態調査同様、弁護士や精神科医、学識経験者、スクールカウンセラーやスクールソーシャルワーカー等、第三者である専門家が想定されています[22]。

　なお、基本方針では、「従前の経緯や事案の特性から必要な場合や、い

17　いじめ防止法30条第2項、同31条第2項。
18　地方自治法138条の4第3項。
19　地方自治法202条の3第1項、坂田仰編『補訂版　いじめ防止対策推進法　全条文と解説』学事出版、2018年、105頁[川義朗]。
20　基本方針40頁。
21　基本方針40頁。
22　基本方針40頁。

じめられた児童生徒又は保護者が望む場合には、法第28条第1項の調査に並行して、地方公共団体の長等による調査を実施することも想定しうる。」とされており[23]、再調査でなくとも、並行して調査が行われることも想定されています。

(3) 再調査の要件

再調査になる法律上の要件は、文部科学大臣（国立）、首長（公立）又は都道府県知事（私立）が、「当該報告に係る重大事態への対処又は当該重大事態と同種の事態の発生の防止のため必要があると認めたとき」です。抽象的な要件ですが、重大事態GLでは、再調査行う必要があると考えられる場合として、以下の3つの例を挙げています[24]。

---

① 調査を取りまとめた後、調査結果に影響を及ぼし得る新しい重要な事実が判明したと地方公共団体の長等が判断した場合

② 事前に対象児童生徒・保護者と確認した調査事項又は調査中に新しい重要な事実が判明した事項について、地方公共団体に長等が十分な調査が尽くされていないと判断した場合

③ 調査組織の構成について、地方公共団体の長等が明らかに公平性・中立性が確保されていないと判断し、かつ、事前に対象児童生徒・保護者に説明していないなどにより対象児童生徒・保護者が調査組織の構成に納得していない場合

再調査の要件をより明確化して定めている地方公共団体もありますが、いずれにせよ、最終的には、首長等が判断するため、関係者が重大事態調査（以下「原調査」といいます。）が不十分であると意見したからといっ

---

23 基本方針33頁、40頁。
24 重大事態GL 47頁。

て、必ずしも再調査が行われるわけではありません。他方、再調査となる事案には、少なからず対象児童生徒・保護者等からの原調査に対する不信がありますので、実質的には、対象児童生徒・保護者の意見が、再調査の必要性を判断する契機となっていると考えられます。

　なお、再調査には時間的な制限がありません[25]。そのため、原調査をした後、何年も経過した後に再調査の申立てをすること自体は（時間の経過が必要性の判断の考慮要素になるかどうかは別として）許されます。

(4)　再調査の範囲

　再調査で行う調査の範囲に関しては、法的な議論があります。なぜそのような議論があるかというと、学校に対する権限の在り方が、他の法律で定められているからです。

　公立学校の場合、地方教育行政の組織及び運営に関する法律（以下「地教行法」といいます。）21条で、学校等の設置、管理及び廃止に関すること（1号）等は、首長ではなく、教育委員会が管理し、及び執行することとされています。教育行政の政治的中立性を確保するためです。他方で、再調査を定めるいじめ防止法30条2項の規定は、首長に対し、地教行法21条に規定する事務を管理し、または執行する権限を与えるものと解釈してはならないとされています[26]。教育行政の政治的中立性を確保するという教育委員会制度の意義を維持する趣旨です。そのため、教育行政に踏み込んだ調査、すなわち、①事実関係の認定やその評価の適否や②再発防止策の内容の適否までは調査できないという見解がありました[27]。なお、この見解によっても、原調査の調査組織の構成員の独立性、公平公正性、専門性等を客観的に検討すること、提出された報告書の内容について説明を受けること、任意の協力による関係者のヒアリングの実施や資料提供を

25　坂田・前掲7章註11、390頁［河口克己＝山田知代］参照。
26　いじめ防止法30条4項。
57　小西洋之『いじめ防止対策推進法の解説と具体策』WAVE出版、2014年、218頁。

受けること、これらを踏まえて、教育委員会等に対して、事実行為として、必要と考えられる措置について助言等を行うことはできるとされています。これに対して、地教行法の改正によって総合教育会議が新設され[28]、再調査が、総合教育会議の議題として重大事態のいじめ事案を取り上げるための準備行為としての性質を持つようになったため、上記①や②に踏み込んで再調査を行うことが可能になったという見解[29]や、再調査は、教育行政への首長の関与を例外的に認めたものである（ただし教育委員会の判断を十分尊重して、例外的な場合に限る）という見解[30]等があります。少なくとも、実際の再調査の報告書において上記①や②を調査している例は、数多く存在します。

　私立学校に関しては、教育委員会ではなく都道府県知事の管轄です[31]。そのため、公立学校のように、教育委員会の政治的中立性の問題はありません。しかし、私立学校の自主性を尊重しなければならないという別の要請があります[32]。そのため、地教行法22条3号に定められている都道府県知事の権限について「地方公共団体が学校法人に対してなす補助金の支出、貸付金、財産の譲渡あるいはその貸付けに関する事務やこれらの助成の打切りに関する事務等」と解釈されることを前提として、再調査を定めるいじめ防止法31条2項の規定が都道府県知事に対して権限を新たに与えるものでない以上は[33]、私立学校による自主的な報告書等の提出[34]以上の権限はないと考えることもできる、とする見解もあります[35]。

　国立大学附属学校に関しては、文部科学大臣の権限との関係で、上記①

28　地教行法1条の4。
29　永田・前掲3章註41、495頁。
30　坂田・前掲7章註11、385頁［河口克己＝山田知代］。
31　地教行法22条3号、27条の5。
32　私立学校法1条参照。
33　いじめ防止法31条4項。
34　私立学校法6条参照。
35　第二東京弁護士会子どもの権利に関する委員会『どう使うどう活かすいじめ防止対策推進法［第3版］』2022年、現代人文社、124頁。

や②は調査することができないとする見解があります[36]。

(5)　再調査の内容

　再調査の内容に関しては、重大事態調査の場合と大きくは変わりません。他方、何度もヒアリング等を行うことは心理的負担を伴うことから、新たなヒアリングやアンケートは必要最小限の確認になるように配慮を要します[37]。また、対象児童生徒・保護者の所見が出されている場合は、所見の内容を踏まえて再調査の方針を決める必要があります[38]。

(6)　再調査結果の説明、対応、報告

　再調査結果を取りまとめた後、対象児童生徒・いじめを行った児童生徒・保護者への説明を行うことも、重大事態調査と同様です。更に、再調査を行った主体は、当該事態への対処又は再発防止のため必要な措置を講ずることができるように、権限の適切な行使その他の必要な措置を行うものとされています[39]。

　また、再調査の場合も、国に対する調査の開始報告及び再調査報告書の提供が求められています[40]。ただし、再調査を行った部局ではなく、公立学校であれば都道府県・指定都市教育委員会、私立学校であれば都道府県私立学校主管部課、国公立大学附属学校であれば国公立大学法人担当課、株式学校であれば構造改革特別区域法12条1項の認定を受けた地方公共団体の担当課を通じて、国へ提供することが想定されています[41]。また、再調査の開始報告については、別途様式があります[42]。

36　永田・前掲3章註41、496-499頁。
37　重大事態GL 47頁。
38　重大事態GL 47頁。
39　いじめ防止法29条3項、31条3項、32条3項。公立学校の場合は、首長及び教育委員会が、自らの権限及び責任において、当該調査に係る重大事態への対処又は再発防止のために必要な措置を講ずるものとされています（いじめ防止法30条5項）。
40　重大事態GL 47頁参照。
41　国への報告依頼Q&A問8-2。

なお、公立学校の場合は、児童生徒の個人情報やプライバシーに配慮した上で[43]、議会への報告が必要になります[44]。

42　国への報告見直し依頼、様式3。
43　重大事態GL 47頁、基本方針41頁。
44　いじめ防止法30条3項。

8章

調査結果説明後の留意点

255

自殺事案について

> **ポイント**
>
> ○自殺事案において、いじめが原因とは考えられない場合には、「重大事態調査」ではなく、「背景調査」を行う。
>
> ○背景調査は、事案発生後速やかに行う「基本調査」と、必要に応じて専門家を加えた調査組織により行われる「詳細調査」に分かれる。
>
> ○自殺の原因にいじめがあると疑われる場合は、いじめ防止法に基づく調査が必要である。そして、上記の「基本調査」及び「詳細調査」は、いじめ防止法に基づく重大事態の調査に当たる。

(1) 背景調査

ア 背景調査とは

　最後に、自殺事案についても簡単に説明をしておきます。子どもの自殺事案の場合、そもそもいじめが原因とは考えられない場合もあります。そのような場合に行われる調査は、重大事態調査ではなく、背景調査です。この背景調査については、いじめ防止法施行以前から、文部科学省より**「子供の自殺が起きたときの背景調査の指針」**という指針が出されています。

　なお、自殺事案の場合、自殺直後に学校の設置者や学校としての緊急の対応が求められることがあります。時には、子どもや遺族だけではなく、教職員の心のケアも必要になることがあります。そのような緊急対応については、文部科学省から「子供の自殺が起きたときの緊急対応の手引き」

（平成22年3月）、「教師が知っておきたい子どもの自殺予防」（平成21年3月。特に第5章。）、生徒指導提要第8章（特に201頁以下）等が公表されています。まずはこれらに関連する記載があることを知っておきましょう。

イ　基本調査

　背景調査は、基本調査と詳細調査に分かれています。**基本調査**は、「自殺または自殺が疑われる死亡事案全件を対象として、**事案発生（認知）後、速やかに着手する調査**であり、当該事案の公表・非公表にかかわらず、学校がその時点で持っている情報及び基本調査の期間中に得られた情報を迅速に整理するもの」（下線、太字は筆者）とされており、遺族との関わり・関係機関との協力等、指導記録等の確認、教職員からの聴取り等を通じて、情報の整理を行います[45]。**基本調査の主体は学校が想定されています。**

ウ　詳細調査

　詳細調査は、「基本調査等を踏まえ必要な場合に、**心理の専門家など外部専門家を加えた調査組織において行われる詳細な調査**」とされており、事実関係の確認のみならず、自殺に至る過程を丁寧に探り、自殺に追い込まれた心理を解明し、それによって再発防止策を打ち立てることを目指すこととされています[46]。そのため、詳細調査では、事実の確認に加えて、自殺に至る過程や心理の検証（分析評価）と再発防止・自殺予防のための改善策についても検討をすることとされています。

　詳細調査への意向をするか否かの判断は設置者にて行うこととされていますが[47]、いじめによる場合は、詳細調査を行うこととされています[48]。

45　背景調査指針9〜11頁。
46　背景調査指針12〜21頁。
47　背景調査指針12頁。
48　背景調査指針13頁。

（2） いじめ防止法に基づく自殺事案の調査

ア 背景調査との関係性

自殺の原因にいじめがあると疑われるような場合は、いじめ防止法28条1項に基づく重大事態の要件にも該当します。そして、背景調査における**「基本調査」及び「詳細調査」は、いじめ防止法28条に基づく重大事態の調査に当たる**こととされています[49]。

なお、不登校指針は重大事態GLの改訂に伴って廃止されましたが、背景調査指針は廃止されていません。自殺事案の場合は、重大事態GLに加えて、背景調査指針も確認しながら調査を進めていく必要があります[50]。

イ 自殺事案の重大事態の調査主体

一般論として、**自殺事案に限っては**、詳細調査に相当する調査を学校主体の調査組織が行うよりも、**設置者主体で第三者委員会を設置して調査を行うことが適切である**と思います。教職員においても非常に動揺している状態であろうと思いますし、また、後述するような自殺に関する分析評価まで教職員が行うことは現実的に難しいです。かつ、学校としては様々な対応を求められることとなりますので、調査をする余裕はない状態であると思います。背景調査指針でも、特段の事情がない限り、設置者主体の調査を想定しています[51]。

ウ 自殺事案における提言

上記のとおり、背景調査では、自殺に至る過程や心理の検証（分析評価）と再発防止・自殺予防のための改善策の提言が求められます。そのため、重大事態の調査報告書においても、これらの記載を要します[52]。かつ、自

---

49 背景調査指針13頁。
50 重大事態GL 32頁、基本方針36頁。
51 背景調査指針23頁。

殺に至る過程や心理の検証（分析評価）が「重大事態……への対処」、再発防止・自殺予防のための改善策が「当該重大事態と同種の事態の発生の防止」という重大事態の目的に相当すると考えられます。

52　重大事態GL 36頁。

いじめ防止対策推進法
（平成25年法律第71号）

第一章　総則

（目的）

第一条　この法律は、いじめが、いじめを受けた児童等の教育を受ける権利を著しく侵害し、その心身の健全な成長及び人格の形成に重大な影響を与えるのみならず、その生命又は身体に重大な危険を生じさせるおそれがあるものであることに鑑み、児童等の尊厳を保持するため、いじめの防止等（いじめの防止、いじめの早期発見及びいじめへの対処をいう。以下同じ。）のための対策に関し、基本理念を定め、国及び地方公共団体等の責務を明らかにし、並びにいじめの防止等のための対策に関する基本的な方針の策定について定めるとともに、いじめの防止等のための対策の基本となる事項を定めることにより、いじめの防止等のための対策を総合的かつ効果的に推進することを目的とする。

（定義）

第二条　この法律において「いじめ」とは、児童等に対して、当該児童等が在籍する学校に在籍している等当該児童等と一定の人的関係にある他の児童等が行う心理的又は物理的な影響を与える行為（インターネットを通じて行われるものを含む。）であって、当該行為の対象となった児童等が心身の苦痛を感じているものをいう。

２　この法律において「学校」とは、学校教育法（昭和二十二年法律第二十六号）第一条に規定する小学校、中学校、義務教育学校、高等学校、中等教育学校及び特別支援学校（幼稚部を除く。）をいう。

３　この法律において「児童等」とは、学校に在籍する児童又は生徒をい

う。

4　この法律において「保護者」とは、親権を行う者（親権を行う者のないときは、未成年後見人）をいう。

（基本理念）

第三条　いじめの防止等のための対策は、いじめが全ての児童等に関係する問題であることに鑑み、児童等が安心して学習その他の活動に取り組むことができるよう、学校の内外を問わずいじめが行われなくなるようにすることを旨として行われなければならない。

2　いじめの防止等のための対策は、全ての児童等がいじめを行わず、及び他の児童等に対して行われるいじめを認識しながらこれを放置することがないようにするため、いじめが児童等の心身に及ぼす影響その他のいじめの問題に関する児童等の理解を深めることを旨として行われなければならない。

3　いじめの防止等のための対策は、いじめを受けた児童等の生命及び心身を保護することが特に重要であることを認識しつつ、国、地方公共団体、学校、地域住民、家庭その他の関係者の連携の下、いじめの問題を克服することを目指して行われなければならない。

（いじめの禁止）

第四条　児童等は、いじめを行ってはならない。

（国の責務）

第五条　国は、第三条の基本理念（以下「基本理念」という。）にのっとり、いじめの防止等のための対策を総合的に策定し、及び実施する責務を有する。

（地方公共団体の責務）

第六条 地方公共団体は、基本理念にのっとり、いじめの防止等のための対策について、国と協力しつつ、当該地域の状況に応じた施策を策定し、及び実施する責務を有する。

（学校の設置者の責務）

第七条 学校の設置者は、基本理念にのっとり、その設置する学校におけるいじめの防止等のために必要な措置を講ずる責務を有する。

（学校及び学校の教職員の責務）

第八条 学校及び学校の教職員は、基本理念にのっとり、当該学校に在籍する児童等の保護者、地域住民、児童相談所その他の関係者との連携を図りつつ、学校全体でいじめの防止及び早期発見に取り組むとともに、当該学校に在籍する児童等がいじめを受けていると思われるときは、適切かつ迅速にこれに対処する責務を有する。

（保護者の責務等）

第九条 保護者は、子の教育について第一義的責任を有するものであって、その保護する児童等がいじめを行うことのないよう、当該児童等に対し、規範意識を養うための指導その他の必要な指導を行うよう努めるものとする。

2 保護者は、その保護する児童等がいじめを受けた場合には、適切に当該児童等をいじめから保護するものとする。

3 保護者は、国、地方公共団体、学校の設置者及びその設置する学校が講ずるいじめの防止等のための措置に協力するよう努めるものとする。

4 第一項の規定は、家庭教育の自主性が尊重されるべきことに変更を加えるものと解してはならず、また、前三項の規定は、いじめの防止等に関

する学校の設置者及びその設置する学校の責任を軽減するものと解しては
ならない。

（財政上の措置等）

第十条　国及び地方公共団体は、いじめの防止等のための対策を推進する
ために必要な財政上の措置その他の必要な措置を講ずるよう努めるものと
する。

第二章　いじめ防止基本方針等

（いじめ防止基本方針）

第十一条　文部科学大臣は、関係行政機関の長と連携協力して、いじめの
防止等のための対策を総合的かつ効果的に推進するための基本的な方針
（以下「いじめ防止基本方針」という。）を定めるものとする。

2　いじめ防止基本方針においては、次に掲げる事項を定めるものとする。

一　いじめの防止等のための対策の基本的な方向に関する事項

二　いじめの防止等のための対策の内容に関する事項

三　その他いじめの防止等のための対策に関する重要事項

（地方いじめ防止基本方針）

第十二条　地方公共団体は、いじめ防止基本方針を参酌し、その地域の実
情に応じ、当該地方公共団体におけるいじめの防止等のための対策を総合
的かつ効果的に推進するための基本的な方針（以下「地方いじめ防止基本
方針」という。）を定めるよう努めるものとする。

（学校いじめ防止基本方針）

第十三条　学校は、いじめ防止基本方針又は地方いじめ防止基本方針を参

酌し、その学校の実情に応じ、当該学校におけるいじめの防止等のための対策に関する基本的な方針を定めるものとする。

（いじめ問題対策連絡協議会）

第十四条　地方公共団体は、いじめの防止等に関係する機関及び団体の連携を図るため、条例の定めるところにより、学校、教育委員会、児童相談所、法務局又は地方法務局、都道府県警察その他の関係者により構成されるいじめ問題対策連絡協議会を置くことができる。

2　都道府県は、前項のいじめ問題対策連絡協議会を置いた場合には、当該いじめ問題対策連絡協議会におけるいじめの防止等に関係する機関及び団体の連携が当該都道府県の区域内の市町村が設置する学校におけるいじめの防止等に活用されるよう、当該いじめ問題対策連絡協議会と当該市町村の教育委員会との連携を図るために必要な措置を講ずるものとする。

3　前二項の規定を踏まえ、教育委員会といじめ問題対策連絡協議会との円滑な連携の下に、地方いじめ防止基本方針に基づく地域におけるいじめの防止等のための対策を実効的に行うようにするため必要があるときは、教育委員会に附属機関として必要な組織を置くことができるものとする。

第三章　基本的施策

（学校におけるいじめの防止）

第十五条　学校の設置者及びその設置する学校は、児童等の豊かな情操と道徳心を培い、心の通う対人交流の能力の素地を養うことがいじめの防止に資することを踏まえ、全ての教育活動を通じた道徳教育及び体験活動等の充実を図らなければならない。

2　学校の設置者及びその設置する学校は、当該学校におけるいじめを防止するため、当該学校に在籍する児童等の保護者、地域住民その他の関係

者との連携を図りつつ、いじめの防止に資する活動であって当該学校に在籍する児童等が自主的に行うものに対する支援、当該学校に在籍する児童等及びその保護者並びに当該学校の教職員に対するいじめを防止することの重要性に関する理解を深めるための啓発その他必要な措置を講ずるものとする。

（いじめの早期発見のための措置）

第十六条　学校の設置者及びその設置する学校は、当該学校におけるいじめを早期に発見するため、当該学校に在籍する児童等に対する定期的な調査その他の必要な措置を講ずるものとする。

2　国及び地方公共団体は、いじめに関する通報及び相談を受け付けるための体制の整備に必要な施策を講ずるものとする。

3　学校の設置者及びその設置する学校は、当該学校に在籍する児童等及びその保護者並びに当該学校の教職員がいじめに係る相談を行うことができる体制（次項において「相談体制」という。）を整備するものとする。

4　学校の設置者及びその設置する学校は、相談体制を整備するに当たっては、家庭、地域社会等との連携の下、いじめを受けた児童等の教育を受ける権利その他の権利利益が擁護されるよう配慮するものとする。

（関係機関等との連携等）

第十七条　国及び地方公共団体は、いじめを受けた児童等又はその保護者に対する支援、いじめを行った児童等に対する指導又はその保護者に対する助言その他のいじめの防止等のための対策が関係者の連携の下に適切に行われるよう、関係省庁相互間その他関係機関、学校、家庭、地域社会及び民間団体の間の連携の強化、民間団体の支援その他必要な体制の整備に努めるものとする。

（いじめの防止等のための対策に従事する人材の確保及び資質の向上）

第十八条　国及び地方公共団体は、いじめを受けた児童等又はその保護者に対する支援、いじめを行った児童等に対する指導又はその保護者に対する助言その他のいじめの防止等のための対策が専門的知識に基づき適切に行われるよう、教員の養成及び研修の充実を通じた教員の資質の向上、生徒指導に係る体制等の充実のための教諭、養護教諭その他の教員の配置、心理、福祉等に関する専門的知識を有する者であっていじめの防止を含む教育相談に応じるものの確保、いじめへの対処に関し助言を行うために学校の求めに応じて派遣される者の確保等必要な措置を講ずるものとする。

2　学校の設置者及びその設置する学校は、当該学校の教職員に対し、いじめの防止等のための対策に関する研修の実施その他のいじめの防止等のための対策に関する資質の向上に必要な措置を計画的に行わなければならない。

（インターネットを通じて行われるいじめに対する対策の推進）

第十九条　学校の設置者及びその設置する学校は、当該学校に在籍する児童等及びその保護者が、発信された情報の高度の流通性、発信者の匿名性その他のインターネットを通じて送信される情報の特性を踏まえて、インターネットを通じて行われるいじめを防止し、及び効果的に対処することができるよう、これらの者に対し、必要な啓発活動を行うものとする。

2　国及び地方公共団体は、児童等がインターネットを通じて行われるいじめに巻き込まれていないかどうかを監視する関係機関又は関係団体の取組を支援するとともに、インターネットを通じて行われるいじめに関する事案に対処する体制の整備に努めるものとする。

3　インターネットを通じていじめが行われた場合において、当該いじめを受けた児童等又はその保護者は、当該いじめに係る情報の削除を求め、又は発信者情報（特定電気通信役務提供者の損害賠償責任の制限及び発信

者情報の開示に関する法律（平成十三年法律第百三十七号）第二条第六号に規定する発信者情報をいう。）の開示を請求しようとするときは、必要に応じ、法務局又は地方法務局の協力を求めることができる。

（いじめの防止等のための対策の調査研究の推進等）
第二十条　国及び地方公共団体は、いじめの防止及び早期発見のための方策等、いじめを受けた児童等又はその保護者に対する支援及びいじめを行った児童等に対する指導又はその保護者に対する助言の在り方、インターネットを通じて行われるいじめへの対応の在り方その他のいじめの防止等のために必要な事項やいじめの防止等のための対策の実施の状況についての調査研究及び検証を行うとともに、その成果を普及するものとする。

（啓発活動）
第二十一条　国及び地方公共団体は、いじめが児童等の心身に及ぼす影響、いじめを防止することの重要性、いじめに係る相談制度又は救済制度等について必要な広報その他の啓発活動を行うものとする。

第四章　いじめの防止等に関する措置
（学校におけるいじめの防止等の対策のための組織）
第二十二条　学校は、当該学校におけるいじめの防止等に関する措置を実効的に行うため、当該学校の複数の教職員、心理、福祉等に関する専門的な知識を有する者その他の関係者により構成されるいじめの防止等の対策のための組織を置くものとする。

（いじめに対する措置）
第二十三条　学校の教職員、地方公共団体の職員その他の児童等からの相

談に応じる者及び児童等の保護者は、児童等からいじめに係る相談を受けた場合において、いじめの事実があると思われるときは、いじめを受けたと思われる児童等が在籍する学校への通報その他の適切な措置をとるものとする。

2　学校は、前項の規定による通報を受けたときその他当該学校に在籍する児童等がいじめを受けていると思われるときは、速やかに、当該児童等に係るいじめの事実の有無の確認を行うための措置を講ずるとともに、その結果を当該学校の設置者に報告するものとする。

3　学校は、前項の規定による事実の確認によりいじめがあったことが確認された場合には、いじめをやめさせ、及びその再発を防止するため、当該学校の複数の教職員によって、心理、福祉等に関する専門的な知識を有する者の協力を得つつ、いじめを受けた児童等又はその保護者に対する支援及びいじめを行った児童等に対する指導又はその保護者に対する助言を継続的に行うものとする。

4　学校は、前項の場合において必要があると認めるときは、いじめを行った児童等についていじめを受けた児童等が使用する教室以外の場所において学習を行わせる等いじめを受けた児童等その他の児童等が安心して教育を受けられるようにするために必要な措置を講ずるものとする。

5　学校は、当該学校の教職員が第三項の規定による支援又は指導若しくは助言を行うに当たっては、いじめを受けた児童等の保護者といじめを行った児童等の保護者との間で争いが起きることのないよう、いじめの事案に係る情報をこれらの保護者と共有するための措置その他の必要な措置を講ずるものとする。

6　学校は、いじめが犯罪行為として取り扱われるべきものであると認めるときは所轄警察署と連携してこれに対処するものとし、当該学校に在籍する児童等の生命、身体又は財産に重大な被害が生じるおそれがあるときは直ちに所轄警察署に通報し、適切に、援助を求めなければならない。

（学校の設置者による措置）

第二十四条　学校の設置者は、前条第二項の規定による報告を受けたときは、必要に応じ、その設置する学校に対し必要な支援を行い、若しくは必要な措置を講ずることを指示し、又は当該報告に係る事案について自ら必要な調査を行うものとする。

（校長及び教員による懲戒）

第二十五条　校長及び教員は、当該学校に在籍する児童等がいじめを行っている場合であって教育上必要があると認めるときは、学校教育法第十一条の規定に基づき、適切に、当該児童等に対して懲戒を加えるものとする。

（出席停止制度の適切な運用等）

第二十六条　市町村の教育委員会は、いじめを行った児童等の保護者に対して学校教育法第三十五条第一項（同法第四十九条において準用する場合を含む。）の規定に基づき当該児童等の出席停止を命ずる等、いじめを受けた児童等その他の児童等が安心して教育を受けられるようにするために必要な措置を速やかに講ずるものとする。

（学校相互間の連携協力体制の整備）

第二十七条　地方公共団体は、いじめを受けた児童等といじめを行った児童等が同じ学校に在籍していない場合であっても、学校がいじめを受けた児童等又はその保護者に対する支援及びいじめを行った児童等に対する指導又はその保護者に対する助言を適切に行うことができるようにするため、学校相互間の連携協力体制を整備するものとする。

第五章　重大事態への対処

（学校の設置者又はその設置する学校による対処）

第二十八条　学校の設置者又はその設置する学校は、次に掲げる場合には、その事態（以下「重大事態」という。）に対処し、及び当該重大事態と同種の事態の発生の防止に資するため、速やかに、当該学校の設置者又はその設置する学校の下に組織を設け、質問票の使用その他の適切な方法により当該重大事態に係る事実関係を明確にするための調査を行うものとする。

一　いじめにより当該学校に在籍する児童等の生命、心身又は財産に重大な被害が生じた疑いがあると認めるとき。

二　いじめにより当該学校に在籍する児童等が相当の期間学校を欠席することを余儀なくされている疑いがあると認めるとき。

2　学校の設置者又はその設置する学校は、前項の規定による調査を行ったときは、当該調査に係るいじめを受けた児童等及びその保護者に対し、当該調査に係る重大事態の事実関係等その他の必要な情報を適切に提供するものとする。

3　第一項の規定により学校が調査を行う場合においては、当該学校の設置者は、同項の規定による調査及び前項の規定による情報の提供について必要な指導及び支援を行うものとする。

（国立大学に附属して設置される学校に係る対処）

第二十九条　国立大学法人（国立大学法人法（平成十五年法律第百十二号）第二条第一項に規定する国立大学法人をいう。以下この条において同じ。）が設置する国立大学に附属して設置される学校は、前条第一項各号に掲げる場合には、当該国立大学法人の学長又は理事長を通じて、重大事態が発生した旨を、文部科学大臣に報告しなければならない。

2　前項の規定による報告を受けた文部科学大臣は、当該報告に係る重大事態への対処又は当該重大事態と同種の事態の発生の防止のため必要があ

ると認めるときは、前条第一項の規定による調査の結果について調査を行うことができる。

3　文部科学大臣は、前項の規定による調査の結果を踏まえ、当該調査に係る国立大学法人又はその設置する国立大学に附属して設置される学校が当該調査に係る重大事態への対処又は当該重大事態と同種の事態の発生の防止のために必要な措置を講ずることができるよう、国立大学法人法第三十五条の二において準用する独立行政法人通則法（平成十一年法律第百三号）第六十四条第一項に規定する権限の適切な行使その他の必要な措置を講ずるものとする。

（公立の学校に係る対処）

第三十条　地方公共団体が設置する学校は、第二十八条第一項各号に掲げる場合には、当該地方公共団体の教育委員会を通じて、重大事態が発生した旨を、当該地方公共団体の長に報告しなければならない。

2　前項の規定による報告を受けた地方公共団体の長は、当該報告に係る重大事態への対処又は当該重大事態と同種の事態の発生の防止のため必要があると認めるときは、附属機関を設けて調査を行う等の方法により、第二十八条第一項の規定による調査の結果について調査を行うことができる。

3　地方公共団体の長は、前項の規定による調査を行ったときは、その結果を議会に報告しなければならない。

4　第二項の規定は、地方公共団体の長に対し、地方教育行政の組織及び運営に関する法律（昭和三十一年法律第百六十二号）第二十一条に規定する事務を管理し、又は執行する権限を与えるものと解釈してはならない。

5　地方公共団体の長及び教育委員会は、第二項の規定による調査の結果を踏まえ、自らの権限及び責任において、当該調査に係る重大事態への対処又は当該重大事態と同種の事態の発生の防止のために必要な措置を講ずるものとする。

第三十条の二 第二十九条の規定は、公立大学法人（地方独立行政法人法（平成十五年法律第百十八号）第六十八条第一項に規定する公立大学法人をいう。）が設置する公立大学に附属して設置される学校について準用する。この場合において、第二十九条第一項中「文部科学大臣」とあるのは「当該公立大学法人を設立する地方公共団体の長（以下この条において単に「地方公共団体の長」という。）」と、同条第二項及び第三項中「文部科学大臣」とあるのは「地方公共団体の長」と、同項中「国立大学法人法第三十五条の二において準用する独立行政法人通則法（平成十一年法律第百三号）第六十四条第一項」とあるのは「地方独立行政法人法第百二十一条第一項」と読み替えるものとする。

（私立の学校に係る対処）

第三十一条 学校法人（私立学校法（昭和二十四年法律第二百七十号）第三条に規定する学校法人をいう。以下この条において同じ。）が設置する学校は、第二十八条第一項各号に掲げる場合には、重大事態が発生した旨を、当該学校を所轄する都道府県知事（以下この条において単に「都道府県知事」という。）に報告しなければならない。

2　前項の規定による報告を受けた都道府県知事は、当該報告に係る重大事態への対処又は当該重大事態と同種の事態の発生の防止のため必要があると認めるときは、附属機関を設けて調査を行う等の方法により、第二十八条第一項の規定による調査の結果について調査を行うことができる。

3　都道府県知事は、前項の規定による調査の結果を踏まえ、当該調査に係る学校法人又はその設置する学校が当該調査に係る重大事態への対処又は当該重大事態と同種の事態の発生の防止のために必要な措置を講ずることができるよう、私立学校法第六条に規定する権限の適切な行使その他の必要な措置を講ずるものとする。

4　前二項の規定は、都道府県知事に対し、学校法人が設置する学校に対

して行使することができる権限を新たに与えるものと解釈してはならない。

第三十二条 学校設置会社（構造改革特別区域法（平成十四年法律第百八十九号）第十二条第二項に規定する学校設置会社をいう。以下この条において同じ。）が設置する学校は、第二十八条第一項各号に掲げる場合には、当該学校設置会社の代表取締役又は代表執行役を通じて、重大事態が発生した旨を、同法第十二条第一項の規定による認定を受けた地方公共団体の長（以下「認定地方公共団体の長」という。）に報告しなければならない。

2　前項の規定による報告を受けた認定地方公共団体の長は、当該報告に係る重大事態への対処又は当該重大事態と同種の事態の発生の防止のため必要があると認めるときは、附属機関を設けて調査を行う等の方法により、第二十八条第一項の規定による調査の結果について調査を行うことができる。

3　認定地方公共団体の長は、前項の規定による調査の結果を踏まえ、当該調査に係る学校設置会社又はその設置する学校が当該調査に係る重大事態への対処又は当該重大事態と同種の事態の発生の防止のために必要な措置を講ずることができるよう、構造改革特別区域法第十二条第十項に規定する権限の適切な行使その他の必要な措置を講ずるものとする。

4　前二項の規定は、認定地方公共団体の長に対し、学校設置会社が設置する学校に対して行使することができる権限を新たに与えるものと解釈してはならない。

5　第一項から前項までの規定は、学校設置非営利法人（構造改革特別区域法第十三条第二項に規定する学校設置非営利法人をいう。）が設置する学校について準用する。この場合において、第一項中「学校設置会社の代表取締役又は代表執行役」とあるのは「学校設置非営利法人の代表権を有する理事」と、「第十二条第一項」とあるのは「第十三条第一項」と、第二項中「前項」とあるのは「第五項において準用する前項」と、第三項中「前項」とあるのは「第五項において準用する前項」と、「学校設置会社」

とあるのは「学校設置非営利法人」と、「第十二条第十項」とあるのは「第十三条第三項において準用する同法第十二条第十項」と、前項中「前二項」とあるのは「次項において準用する前二項」と読み替えるものとする。

（文部科学大臣又は都道府県の教育委員会の指導、助言及び援助）

第三十三条 　地方自治法（昭和二十二年法律第六十七号）第二百四十五条の四第一項の規定によるほか、文部科学大臣は都道府県又は市町村に対し、都道府県の教育委員会は市町村に対し、重大事態への対処に関する都道府県又は市町村の事務の適正な処理を図るため、必要な指導、助言又は援助を行うことができる。

第六章　雑則

（学校評価における留意事項）

第三十四条 　学校の評価を行う場合においていじめの防止等のための対策を取り扱うに当たっては、いじめの事実が隠蔽されず、並びにいじめの実態の把握及びいじめに対する措置が適切に行われるよう、いじめの早期発見、いじめの再発を防止するための取組等について適正に評価が行われるようにしなければならない。

（高等専門学校における措置）

第三十五条 　高等専門学校（学校教育法第一条に規定する高等専門学校をいう。以下この条において同じ。）の設置者及びその設置する高等専門学校は、当該高等専門学校の実情に応じ、当該高等専門学校に在籍する学生に係るいじめに相当する行為の防止、当該行為の早期発見及び当該行為への対処のための対策に関し必要な措置を講ずるよう努めるものとする。

附則

（施行期日）

第一条 この法律は、公布の日から起算して三月を経過した日から施行する。

（検討）

第二条 いじめの防止等のための対策については、この法律の施行後三年を目途として、この法律の施行状況等を勘案し、検討が加えられ、必要があると認められるときは、その結果に基づいて必要な措置が講ぜられるものとする。

2 政府は、いじめにより学校における集団の生活に不安又は緊張を覚えることとなったために相当の期間学校を欠席することを余儀なくされている児童等が適切な支援を受けつつ学習することができるよう、当該児童等の学習に対する支援の在り方についての検討を行うものとする。

おわりに

　せっかく「おわりに」までお読みいただいているので、現行のいじめ防止法を超えた話をしようと思います。

　私個人としては、「いじめを受けたと思われる」というレベルで学校が介入するいじめ防止法のコンセプト自体には、肯定的です（ただし、いじめ防止法 2 条 1 項の定義は、「いじめ」ではなく、別の定義語を用意すべきです。）。問題は、学校側の抗弁が、全くと言ってよいほど用意されていないことです。まず、いじめの問題として調査しても解決にならない子ども同士のトラブル事案は、山のようにあります。本来、いじめではなく、別の問題（家庭環境、発達障害による二次障害等）に焦点を当てて議論することが適切な問題であっても、現行のいじめ防止法の下では、子ども同士のトラブルは、十把一絡げにいじめ問題に（意図的に）集約されます。根本的な解決にならないのは当然です。

　また、本文でも指摘したとおり、重大事態の調査は学校側に相当の負担をかけるにもかかわらず、学校側が「これは重大事態ではない」と判断できる場面は存在しないに等しい解釈が採られています。最近では、地方公共団体ですら疑問を呈するようになってきたようです（中西茂「渋谷に続く自治体はないのか（教育を診る第 2 章）」月刊生徒指導令和 6 年 12 月号、5 頁参照）。

　また、重大事態GLの改訂を議論したいじめ防止対策協議会では、実務的な論点の指摘もありました（ぜひ見てほしい部分については、本書でも引用しました。）。しかし、実際に改訂された重大事態GLを見てみると、その議論が十分に反映されていません。特に、重大事態GLの記載どおりにいかないケースへの対応が、ほとんど考えられていません。

　その反動か、「モンスターペアレント」、「学校の疲弊」という反対のテ

ーマも盛り上がりを見せています。しかし、こちらもこちらでテーマが独り歩きし、学校現場が蔑ろにされています。日本弁護士連合会が2024年3月14日付で発出した「教育行政に係る法務相談体制の普及に向けた意見書」が、その最たる例です。

　学校問題に携わる法律家として行うべきことは、何かのテーマを振りかざすことでもなければ、「法律がこう定めているからこうしなければならない」と説くことでもなく、「学校がどのように考え、どのように対処しているのか」ということを法的な思考に落として実践することであるというのが、持論です。そのような実践から生まれた知見の蓄積は、より適切な対応に繋がるはずです。本書がその積み重なる知見の一部になるのであれば、上梓した意味は十二分です。

　欲を言えば、私の心を温め、励ましてくれる妻早紀子と娘実李への、わずかな報恩に。

2025年2月

國本 大貴

〈著者紹介〉

國本大貴 （くにもと　だいき）

弁護士（第二東京弁護士会）。2017年中央大学法学部法律学科卒業、2017年司法試験合格のため東京大学法科大学院中退、2018年弁護士登録・西村あさひ法律事務所入所、2020年新堂・松村法律事務所入所。第二東京弁護士会業務支援室嘱託（仲裁センター運営委員会担当）。民事・商事の訴訟や企業法務のほか、学校法務を多数手掛けている。

著作

「生活指導基準としての校則の違法性審査における適合性の位置付け」スクール・コンプライアンス研究第10号、2022年

「『いじめ』の認定方法と学校の『いじめ』認識可能性」スクール・コンプライアンス研究第11号、2023年

「学校教育をみつめる法律」学事出版、月刊生徒指導2023年4月号〜2025年3月号（連載・部分執筆）

『新版 学校法』学文社、2023年（部分執筆）

「生徒指導提要と教育裁判」スクール・コンプライアンス研究第12号、2024年

ほか

弁護士が解説！
いじめ「学校調査」ガイドブック

2025年3月19日　初版第1刷発行

著　者　**國本 大貴**

発行人　**鈴木 宣昭**

発行所　**学事出版株式会社**
　　　　〒101-0051　東京都千代田区神田神保町1-2-5
　　　　電話　03-3518-9655
　　　　https://www.gakuji.co.jp/

編集担当　星　裕人

©Daiki Kunimoto,2025　Printed in Japan

組版・デザイン　株式会社明昌堂

印刷・製本　　　精文堂印刷株式会社

落丁・乱丁本はお取替えします。
ISBN 978-4-7619-3057-8　C3037